数字媒体
对数字经济活动
影响作用研究

李韵 ◎ 著

学林出版社

本书由上海市学位点培优培育项目(2023)资助出版。

本书系国家社科基金一般项目"'算法革命'与数字帝国主义批判的政治经济学研究"(项目号:22BKS024)的阶段性成果。

Contents | # 目　录

1

当下我们正处于数字经济的时代,根据《中国数字经济发展白皮书》的定义,所谓的数字经济是指以数字化的知识和信息作为关键生产要素,以数字技术为核心驱动力量,以现代信息网络为重要载体,通过数字技术与实体经济深度融合,不断提高经济社会的数字化、网络化、智能化水平,加速重构经济发展与治理模式的新型经济形态。

作为数字经济核心驱动力量的数字技术是一种新技术,它在狭义上被定义为:"运用0和1两位数字编码,通过电子计算机、光缆、通信卫星等设备,来表达、传输和处理所有信息的技术,主要包括数字编码、数字压缩、数字传输、数字调制与解调等技术。"在广义上则是指计算机技术、网络通信技术以及派生的各种技术的统称,包括人工智能技术、大数据技术、网络通信技术、区块链技术、物联网技术、云计算技术、视觉图像处理技术、地理信息技术等。

在数字经济时代背景下,以数字技术为载体的数字媒体也在日益兴盛。数字媒体是指以 0 和 1 二进制的技术形式记录、处理、传播、获取过程的信息载体,这些载体包括数字化的文字、图形、图像、声音、视频影像和动画等感觉媒体,和表示这些感觉媒体的表示媒体(编码)等,通称为逻辑媒体,以及存储、传输、显示逻辑媒体的实物媒体。

由此可见,数字技术将数字经济和数字媒体紧密联系在一起,数字技术不仅催生了数字经济,同时也催生了数字媒体。

理论界关于数字经济研究的内容非常丰富,基于数字经济形态下,关于数字媒体的探讨也在不断深入,但是,将数字媒体作为数字经济活动中的重要变量的研究则不多见。这是因为尽管数字媒体对于经济社会的影响力越来越凸显,但是,经济学和传媒学的学科界桩仍很难突破,这不仅需要理论创新的锐气,还需要交叉学科研究的深厚背景。

摆在我们面前的这部著作是对传媒学与经济学进行交叉研究的成果,这一研究不仅突破了经济学与传媒学学科界限,而且尝试将数字媒体作为影响经济活动的一个变量引入数字经济背景下的微观、中观和宏观经济活动中进行考量。显然,能够做出这一交叉性研究需要具备深厚的理论功底和长期的学术积淀。

著作作者李韵是上海理工大学新闻传播学科近年来引进的青年教师,他具有从事交叉学科研究的深厚背景。一方面他具有国内外教育背景,曾在国内名校和英国、日本、美国攻读学位,获得经济学、传媒学和社会学的学士、硕士和博士学位,这为他的交叉学科研究提供了基础条件;另一方面,他又长期致力于交叉学科研究,特别偏重于将媒体作为重要经济变量引入经济学框架里来分析问题。为此,著有学术专著《传媒对经济危机的影响作用研究》,撰写《论新媒体的现代特征及其对当代经济活动的影响——基于信息经济学的视角》《新媒体对经济危机的影响及其实证分析》《互联网空间的政治经济学解释》《传媒的危机扩散与复苏效应的理论分析》等多篇论文,研究成果体现了较强的交叉学科特征。

作者提出,虽然传媒学和经济学分别对互联网技术(数字技术)和数字经济给予了更加充分的关注和广泛的研究,但是由于学科间的隔离性使得这些研究少有融合。长期以来,传媒学一厢情愿地将传媒作为经济活动的要素给予研究,而经济学则将传媒作为工具而排除在经济要素之外。造成这一局面的主要原因是这些研究实际是将信息和媒体隔离开来了。作者认为,无论从什么意义上看,媒体与信息都是密不可分的,它犹如一枚硬币的两面。我们也可以将媒体比喻为一辆装载着货物的车,在这里媒介工具就是运输货物的车,而信息就是车上的货物。如果没有货物,这辆车就毫无意义,反过来如果没有车,那货物也无法流动。显然,信息是媒体的内容,媒体是信息的载体。为此,他倾向于将信息与媒体统一为一体,以此赋予媒体一个全新的概念。作者进一步指出,更为重要的是我们不再将媒体仅仅视为工具的意义在于:我们可以很好地解释媒体在现代社会活动中作用凸显的事实,诸如它在引导和改变人们的价值取向以及人们的情感世界的同时,重新构造了现代社会的意识形态并成为一个重要组成部分的事实;它在导向人们的利益供求和改变人们的利益偏好的同时,又重新分配了社会财富并使自身也就成为影响社会经济活动重要变量的事实。这些都表明传媒已经超出工具的局限而可能作为经济活动的重要变量。

在这一理论前提下,作者尝试将媒体作为一个要素或变量引入经济学领域中去考察它对经济活动的影响和作用,并尝试建立引入媒体的微观和宏观经济理论模型,以此为基础分析现实经济问题。

这部著作是作者基于数字经济背景,对于数字媒体在微观、中观和宏观领域中一些影响作用进行分析和考量的研究成果。

一、从数字经济与数字媒体的关系出发，为本研究奠定了理论基础

作者在第一章引论中主要阐述了如下几个方面的问题：

1. 论证了数字经济是一种新经济形态的命题

作者在梳理了当下理论界关于数字经济的种种界定基础上，先将数字经济提炼为：一是以"数字技术创新为核心"，并在这一新"数字技术催化下"的"新经济形态"；二是用0和1的"数字流动"来进行虚拟化、共享化、融合化运行的新经济关系；三是将信息（数据）和知识（技术）作为"关键生产要素"的"一系列经济活动"；四是一种高效率、高技术、"更高级、可持续的经济形态"。

接下去，作者提出了如何论证作为新经济形态的数字经济。回答是必须先审视其赖以产生的经济背景、生产力发展趋向、生产关系的状态，因为这一切答案都深植于"经济生活本身的现实"中。这一命题显然符合中国主流意识形态，从而也证明了作者马克思主义政治经济学的学术功底。所以，作者提出，依据马克思主义唯物史观，我们可以从两个维度来分析数字经济何以是一种新的经济形态。一是从生产力视角来看，数字技术是一种新生产力，进而分析数字技术作为第三次技术革命的产物，它既是数字生产力发展的"测量器"，也是数字生产关系的"指示器"，从而得出数字技术产生的是数字经济时代。二是从生产关系角度分析，据唯物史观可知，当数字生产力发生了变化，与"他们的物质生产力的一定发展阶段相适合的生产关系"也将发生变化，形成数字生产关系。社会经济形态就是生产力发展的一定阶段上与此相适合的生产关系的总和。因此，当以数字技术为基础的社会生产力发生变化，与此相适应的社会生产关系也发生数字化变化后，其整个社会经济形态也就升级为数字经济形态。

当作者对于数字经济形态做出判断之后，即进入关于数字媒体的阐述。

2. 论证了数字媒体是数字经济活动中的重要变量的理论命题

作者提出媒体是经济活动中不可或缺的要素。他阐述了媒体是与人类经济活动相伴而生的，这也便是传媒理论自诞生以来就一直围绕着传媒对社会究竟有什么作用而展开的原因。并引据经典证明了传媒学自开拓以来如何不懈地探讨传媒怎样影响和作用于人类社会的问题，并随着传媒学的深入研究，派生出了传媒经济学学科，这一学科的实质就是将传媒作为社会经济活动的重要因素来分析。而现时期，关于媒体与经济活动之间关系的理论研究也在不断深化，一类是一般性的理论研究，尝试探讨媒体与经济活动的关系，一类是具体化的研究，诸如关于传媒对宏观经济活动的作用研究，关于传媒对于微观经济活动的作用研究，以及媒体通过影响政治、文化、社会舆论而间接影响经济活动的研究。

作者认为，上述理论研究无论从传媒对于经济活动影响作用，还是从传媒经济学角度的分析都是传媒学领域的研究问题。而从经济学的角度来看，传媒要素长期以来并没有被经济学纳入理论体系之内，经济学主要关注点是劳动、资本这些重要经济要素，甚至技术要素都长期被作为外生变量而无法进入经济增长模型（罗默将其内生化堪称经济增长理论的革命）。

作者提出分析媒体对于经济活动的作用同探讨技术对于经济活动作用的路径一样，必须考虑将媒体作为经济要素引入经济理论框架之内，这不仅需要传媒学和经济学共同联手进行交叉性研究，而且也将引发一场传媒学和经济学的理论革命。

作者认为解决这一理论问题的重要前提或者重要途径就是要将媒

体和信息联系起来,作者充分论证了这一理论前提。他分析,从传媒作用功能来看,媒介工具与信息也是不可分的,从媒体形态的变化来看,现代媒体的出现更加显现出传媒与信息的不可分性。从信息角度来理解媒体,无论是信息的可传递性、可依附性和共享性来看,两者都是不可分离的。

为此,作者进一步分析指出,当我们不再将现代传媒仅仅视为工具,而是将其与信息捆绑在一起,就可以解决现代媒体在理论逻辑和现实逻辑的困境。就理论逻辑上,如果不仅仅将媒体定义为单纯的媒介工具,而是视为与信息不可分离的统一体,那么,媒体就可以作为经济变量被纳入经济学框架之内。就现实逻辑来看,传媒对于整个社会经济、政治以及文化等方面的作用越来越大,甚至具有某种革命性的影响。而这些绝不是一个媒介工具可以完成的,信息是不可或缺的内容,这恰好是现代传媒作用凸显的重要原因。

当作者将媒体尤其是现代数字媒体引入经济理论框架中之后,就开始阐述数字媒体对于数字经济活动的影响作用。

3. 论证了数字媒体对于数字经济影响作用的命题

作者首先分析了数字经济背景下媒体的数字化变化,提出在数字经济形态下,传统的生产要素都发生了数字化的变化,诸如劳动由一般的实体劳动为主转变为以数字劳动为主、生产资料由实体生产资料转变为数字生产资料为主等。以上这些都是数字经济社会中最基本的生产要素,是影响数字经济发展的最基本的变量。然而,影响经济活动的变量是多元的,除了劳动者和生产资料这些最基本的要素之外,媒体也是影响数字经济活动的重要变量。在数字经济新形态下,传媒也同劳动者和生产资料这些基本生产要素一样,会发生数字化的变化,我们现时期的所谓数字媒体就是数字化媒体。它同数字生产要素一样是随着数字生产力和数字生产关系的变化而发生了变化,对于数字经济活动作用的一般逻辑虽然没有变化,仍然是影响数字经济活动的重要变量,但其特殊性也是显而易见的。

接着作者分析了数字经济背景下,数字媒体的作用特点,并阐明在数字经济背景下,数字媒体传递经济信息的范围更广,传递信息的速度更快,传递信息效率更高,传递信息主动性更强。在此基础又进一步探讨了数字媒体作为信息载体对于经济活动的作用机理,分析了数字媒体可以在一定程度上降低信息的不完全性,在一定程度缓解信息的不对称性,在一定程度上降低信息搜寻成本的机理。

二、 从数字经济发展的微观视角分析数字媒体对于解决企业创新融资约束的影响作用

在第二章主要从以下几个方面进行分析:

作者认为,创新是数字经济增长乃至数字社会进步的核心驱动力,也是企业保持市场竞争力的关键,而影响企业创新的因素有多种,其中融资条件是企业创新最重要的外部条件之一。然而,企业尝试进行外部融资时会面临最大障碍则是信息不对称问题,即一方面银行与政府以及投资者为将资金配置到最优质的创新型企业中去,可能面临市场和产业信息的收集和甄别的困难;另一方面企业全方位展示自身的优势来吸引银行和政府以及股权投资的资金支持也存在信任度和自愿性方面的困难。企业通过什么信息渠道将企业自身的创新能力真实展示出来,降低融资约束;政府和金融机构以及投资者通过什么平台全方位获取企业信息,从而提高其融资和资助效率就成为人们关注的重要问题。

在大数据时代,在数字媒体的支撑下,企业信息披露愈加多渠道、全方位,使信息的完全性获得提升,这在一定程度上缓解了信息不对称问题。而企业信息披露主要有两种,一是企业自我信息披露,以企业社会责任信息指标为代表;二是社会信息公开披露,是指大众媒体公开披

露的信息,也称为社会关注,其量化指标则是社会媒体关注度。接下来,作者从以下几方面论证了数字经济背景下数字媒体如何通过信息披露解决企业创新的融资约束问题。

1. 媒体关注与企业社会责任对企业融资环境的改善与局限性分析

作者提出,无论是社会信息公开披露(媒体关注),还是企业自我信息披露(企业社会责任),都能在一定程度上缓解企业创新的融资约束问题,但也都有各自的局限性,并分别做出了理论分析。

从社会信息公开披露角度来看,在数字经济时代,由于数字技术的发达,数字媒体曝光的信息的传递速度和维度都是以往同时期无法比拟的。因此,媒体曝光的社会影响力就非常大,其公开性也非常强。在此背景下,媒体关注能将企业相关信息有效传递给政府、外部投资人和利益相关者,降低企业与他们之间的信息不对称程度,改善企业所面临的股票市场融资环境,从而在一定程度上解决企业融资约束问题。然而,媒体关注也存在着其自身的局限性,例如媒体社会关注通常专注于特定信息,如利好信息或者坏消息,其中对坏消息的关注以及影响,作用又尤为明显,而一般类消息(如中间消息)则偏少,存在信息效应放大和媒体负拟态环境,这些问题最终会导致新的信息不对称问题的出现。因此,媒体社会关注虽然社会性更强,受众更多,但其传递的信息内容却具有片面性、主观性等问题,亟须大众媒体之外的补足。

从企业自我信息披露角度来看,企业社会责任信息的自我披露在解决企业创新融资约束方面具有重要作用,这是因为企业社会责任信息披露可以全面反映企业创新的策略控制,组织整合和财务承诺等三大方面的情况和程度,具有一定的真实性和可靠性。此外,在企业自我披露信息的基础上,各大专业评级机构可以形成社会责任指标体系,该体系下的企业信息更为综合、客观,且便于获取。因此,用社会责任指标体系来反映企业创新的状况,银行和政府以及股权投资者根据企业自我披露的社会责任信息来选择融资和资助的对象就具有较高的效率性。而股票市场的投资者根据企业社会责任指标的自我披露来选择股票也会影响企业直接融资的效率。但是,企业社会责任指标的披露同样有其局限性,这是因为无论社会责任指标体系如何具有真实性和客观性,作为其主要信息来源的企业自我信息披露总会具有一定的主观倾向性和目的性,信息的偏重性和技术上的选择性都是难以避免的,而且社会责任指标体系专业平台还存在数量过于稀少的问题,这些都会导致信息的不对称性。因此,创新企业的投资者和资助者往往不会依据单一的企业自我信息披露就做出选择,可能会从不同方位来考察企业的发展状况,如社会披露方面,并做出综合评估。

2. 媒体关注与企业社会责任双重信息披露对企业融资环境的作用机理分析

基于上面的分析,作者指出在解决企业创新的融资约束问题时,无论是企业自我信息披露,还是媒体关注的社会信息披露,都无法单独解决融资约束问题的根源,即信息的不对称性。在大数据和数字媒体技术的飞速发展的背景下,创新企业融资约束中信息不对称问题的解决途径也必将是多元的、全方位的,不仅要考虑创新企业自我信息披露,也要注重媒体的社会信息披露,这会将信息披露的主观性和客观性融合起来,为企业融资的有效性和高效率提供充分的信息条件。因此,双重信息披露才是解决企业创新融资约束中的信息不对称问题的关键。这是因为:第一,在数字经济条件下,双重信息披露增强了信息的完全性,有利于企业创新融资环境的改变;第二,双重信息披露增强了信息的真实性,有利于企业创新融资环境的改善;第三,双重信息披露增强了信息的即时性,有利于企业创新融资环境的调整。

而就媒体关注与企业社会责任双重信息披露对企业融资环境影响

的具体过程而言,其作用机制主要源于双重披露1+1＞2的协同效应。首先,如果我们将企业社会自我披露的信息和媒体社会关注披露的信息结合起来考察企业创新融资约束问题,企业创新的信息属性会相互增强;其次,如果我们将企业社会自我披露的信息和媒体社会关注披露的信息结合起来考察企业创新融资约束问题,企业创新的信息会形成动态效应;最后,在数字媒体和数字技术条件下,如果我们将企业社会责任自我披露的信息和媒体社会关注披露的信息结合起来考察企业创新融资约束问题,企业创新的信息会发生加速度效应。

3. 验证了媒体关注与企业社会责任双重信息披露对企业融资环境的影响作用

作者为了更好地检验双重信息披露与企业融资约束之间的逻辑关系,利用2010—2018年沪深两市A股上市企业作为研究样本对其进行了实证分析,其实证结果表明:第一,从直接效应来看,单独的企业社会责任或者媒体关注的信息披露方式,对于企业融资约束具有一定的正效应,但是,不能完全改善其负面效应;第二,从交互效应来看,媒体关注与企业社会责任双重信息披露之间存在显著的协同效应。

因此,在理论分析和实证检验的基础上,作者提出以下三方面政策启发:从企业的角度来看,要进一步提升企业社会责任信息披露的主动性和质量水平;从媒体的角度来看,要加强管理"媒体关注"的放大性和拟态性;从政府的角度来看,要注重监督信息披露中"虚假"问题。

三、 从产业和市场的中观视角分析数字媒体对于房地产市场的影响作用

在第三章,作者认为,讨论数字媒体对于经济活动的具体影响作用,房地产业是一个较典型的行业,因为房地产交易从某种意义上讲既是消费活动也是投资活动,一方面房屋具有居住属性,当人们出于居住

的目的购买房屋,那么这种购买行为就属于消费活动;另一方面房屋具有投资属性,当人们出于资产增值的目的购买房屋,那么这种购买行为就属于投资活动。因此,房地产市场作为链接消费和投资的平台,数字媒体在其中的影响作用及其作用机理也就成为理论界关注的焦点。接下来,作者主要从理论阐述和实证分析两个方面对数字媒体与房地产的相互关系做出了分析。

1. 数字媒体与房地产市场的理论逻辑

作者首先在供给与需求的两维市场中考虑将媒体因素加入其中,并将整个市场看成三维要素组成的,这样就可能在一定程度上解决由信息不完全和不对称造成的市场失灵问题。

其次,根据三维市场理论,作者将媒体尤其是数字媒体作为市场动态变化的第三种力量引入房地产市场的动态变化中,得出数字媒体会对房地产市场动态变化产生影响作用的结论。具体而言,数字媒体会影响房地产市场体系由均衡到非均衡,再由非均衡到均衡的变化速度。当房地产市场偏离均衡后,如果市场价格和预期价格朝着某个方向变化,那么这时媒体提供的信息会使供给者预期价格的调整幅度增加,从而加快市场由非均衡回到均衡状态。如果市场体系偏离均衡后,市场价格围绕均衡价格上下波动,根据前面的分析,数字媒体会加剧市场波动,因此会放缓市场由非均衡回到均衡状态。

再次,作者认为数字媒体对于房地产市场的作用路径主要在于数字媒体会改变政策、自然条件变化等外生冲击对房地产市场的影响力度,而就我国房地产市场的发展过程来看,对于房地产市场变化影响较大的是宏观调控的政策因素。第一,国家根据经济活动的实际情况对于房地产进行调控的政策出台后,数字媒体就会迅速将这些政策信息传递出来;第二,房地产的供给者和需求者通过数字媒体获得这些信息后,将会对于房地产市场的变化进行分析和判断,计算其可能遭受的损失,分析其可以采用的对策,形成新的预期和判断。在这一作用路径中,代表着数字媒体技术进步的加速传递度值非常重要,由于这个因素的出现,数字媒体传递速度和范围才会发生更大的变化,数字媒体传递才更加有效,从而使人们预期改变的程度,房地产市场各个经济主体的经济行为改变的速度,以及这个房地产市场的价格的变化速度也发生了重大的变化。

最后,作者总结、提炼出媒体对于房地产市场作用的四大机制:即传递机制、导向机制、曝光机制、治理机制,在数字经济背景下,在数字技术的影响下,媒体的数字化特征使得这四大作用机制在房地产市场经济中更加凸显。第一,数字媒体的传递作用机制会提升房地产市场的效率;第二,数字媒体的导向作用机制会引导房地产市场价格离散和收敛的方向;第三,数字媒体的曝光机制可以调整房地产市场价格的偏差性;第四,数字媒体的曝光机制对于房地产市场具有治理作用。

2. 实证检验了数字媒体对于房地产二手市场的影响作用

在理论逻辑分析的基础上,作者选取了 2006 到 2023 年的相关数据,对数字媒体对房地产二手房市场的影响作用做了实证检验,具体步骤如下:

首先是从互联网的兴起与发展、微信的兴起与发展,以及短视频的兴起与发展三个方面研究我国数字媒体的发展状况,并确定相应的三个时间节点为 2007 年、2013 年和 2018 年。通过确定的时间节点,研究数字媒体的发展对我国二手房地产价格的影响。其次,选取北京、上海和广州这三个大城市的二手房交易数据来分析房价对房产政策的反应速度。再次,选取 2006 至 2023 年主要的房产政策以分析政策对房地产价格的影响。最后,对北上广三大城市的二手房价格进行 HP 滤波分析并得出以下结论:第一,2007 年之前,二手房价格对"政策"的反应速度为 3 到 6 个月;第二,2007 到 2013 年,随着互联网的兴起,二手房价格对房产政策反应速度加快,缩短到 4 个月之内;第三,2013 到 2018 年,随着微信等社交软件的兴起,二手房价格对房产政策的反应速度总体上加快,且价格都较为稳定,政策效果较为明显;第四,2019 年至今,随着短视频等新兴数字媒体的兴起,信息传播速度加快,二手房价格对房产政策的反应几乎都是即时的。

由此可见,随着数字媒体的进步,房产政策信息传播速度的加快,二手房价格对政策的反应程度越发加快,这与前面的理论分析所得结论基本一致。鉴于上述理论与实证分析,作者提出以下三点政策建议:第一,组建数字媒体监管机构,准确调控房地产一级影响;第二,完善房地产投资者保护,保障房地产投资者权益;第三,加强数字媒体行业监管合作。

四、 从数字经济发展的宏观视角选择了对于人类威胁较大的卫生健康问题进行了分析,阐释了数字媒体在其中的影响作用

在第四章,作者先是引导性分析指出,我们正处于数字媒体功能越来越强大的时代,而所谓的数字媒体就是以数字技术为载体的现代媒体形式,它作为数字经济活动中的重要变量对于经济社会的影响力越来越凸显,特别当人类面临较大灾难和突发性事件时,其强大的作用是其他经济变量不可比拟的。数字媒体作用于经济活动的路径也是多维度的,作用机理也有所变化。但是,在人类经济活动出现重大危机时刻,媒体的正拟态环境功能不可小觑,特别是在我们刚刚经历这次人类卫生健康危机,数字媒体所营造的正拟态环境对于我们增强经济信心,恢复经济具有较好作用。接着作者从如下几个方面探讨了数字媒体对于全球卫生健康危机的影响作用:

1. 关于数字媒体的正拟态环境营造的分析

作者认为,现代数字媒体在人类卫生健康危机过程中,可以在主流意识形态主导下,依靠互联网媒介载体,通过对于人类卫生健康危机信息真实的传递、科学的解读和导向性的引导能够营造一个正拟态环境。在这方面,我国的数字媒体发挥较好的作用。在人类卫生健康危机过程中,正拟态环境的形成主要取决于两个方面的力量,一方面是国家对于新闻媒体的主导性作用,另一方面是现代媒体所营造出的良好的舆论环境。我国媒体由国家意志理性调控,因此,由现代媒体所构建的拟态环境,国家主流意识形态在其形成过程中无疑具有主导性作用。作者提出,在这次人类卫生健康危机过程中,我国政府十分重视新闻工作者和媒体的重要作用,多次在会议中提出要充分发挥新闻舆论工作的有效性、普及性来提升我国人民共同抗击危机的力量。这些来自中央层面的主导意识对于营造媒体的拟态环境具有重要作用。即一是强调媒体信息传递的透明性,这对于媒体营造正面拟态环境至关重要;二是强调媒体信息传递的正面导向,主张营造积极的舆论环境;三是强调新闻媒体要注重营造良好的国际舆论环境;四是强调新闻媒体在全球卫生健康的责任与任务。这些要求及举措,是我国媒体得以形成正拟态环境的主导因素,使得这一拟态环境在非常时期,面对危机,能够凝聚、释放正向引导力量,对消解社会恐慌,形成全社会的理性预期,推动中国经济复苏进程具有十分重要的意义。因此,在国家媒体的指导下,我国数字媒体发挥强大功效,营造了一个较好的正拟态环境。也就是通过及时、准确传递权威性危机信息,营造一个较为客观的正拟态环境;通过针对性、专业性解读危机信息,营造一个充满正能量的拟态环境;通过曝光机制、教育功能,纠正不实信息和不良行为,营造一个理性的拟态环境;通过多层次、高密度传递危机信息,营造一个网络化拟态环境。

2. 分析数字媒体的正拟态环境对于人类卫生健康危机的作用路径和机理

作者认为，数字媒体在全球卫生健康危机信息传递过程中所营造的正拟态环境的主要作用路径如下：首先，正拟态环境会有利于人们形成危机的合理预期，即如果主流媒体所传递的危机信息具有正向性，就会形成正拟态环境，当每个个体沿着正拟态环境提供的线索来预测、估计、判断和解析卫生健康事件时，进而会形成关于危机的基本态度，又汇合为整个社会对于危机更加科学的理性预期。其次，人们对于危机的合理预期有利于形成人们应对危机的积极行为。当人们基于正拟态环境形成合理预期之后，就会有所行动，即较为积极地投资和消费，从而加快整个经济的复苏。最后，人们应对全球卫生健康危机的整体行为会直接影响经济的走向。当大多数人相信这一正拟态环境给出的信息及其解读，就会愿意遵从媒体的主导性建议来调整自己的行为而有利于缩短危机蔓延时间，缩小危机蔓延空间，保证经济复苏和不断向好。

接着作者具体阐释了正拟态环境对于推动危机经济恢复和平稳运行的作用机理为：首先，正拟态环境影响人们对于卫生健康危机期间和之后的信心指数，即拟态环境越积极，越具有正面导向，人们对于当下和未来经济的信心就越足，就会形成一个利好的经济预期。其次，拟态环境与人们的信心指数以至卫生健康危机之间并不是单纯的线性关系，而是非线性的交互关系。即如果拟态环境是积极和正面时，人们的信心指数以及经济预期也较为乐观，人们消费和投资的意愿就会越强，整个经济也会向好。最后，传媒所营造的正拟态环境在重大卫生健康危机下，对于经济的影响作用力度更强。

3. 验证了数字媒体的正拟态环境对于人类卫生健康危机的作用

作者提出，媒体所营造的正拟态环境对于人们关于战胜危机信心提升的重要作用也可以量化分析。人类卫生健康危机在全球蔓延的过程中，媒体所营造的拟态环境对于人们信心的影响作用，也可以通过一些数据反映出来。

就正拟态环境来分析，根据我国在 2020—2021 年的新闻报道数据分析可见，我国媒体关于全球卫生健康危机的报道中用词中性，既涵盖了对全球卫生健康危机的客观描述，科学地普及了全球卫生健康危机形成机理、扩散能力、预防手段，有效地保证了公众理性认知卫生健康危机对生命健康的危害，纠正了常见的错误理解，又涵盖了中国应对危机的积极举措。而对比同一时期美国相关新闻标题和正文的词云图，总体来看新闻中关于全球卫生健康危机的用词出现了高频的负面意味的词语，从而，形成了一个相对悲观的舆论环境，也加大了民众的心理恐慌和崩溃的可能性。

就信心指数来分析，我国媒体舆论的不同导向，造就了人们面对卫生健康危机的不同心理状态，经济也在这种不同情绪的催化中出现了不同的走向。美国在全球卫生健康危机发生的当年之初，消费者信心指数从二月的 101 点在三月剧降到 89.1 点，而股票指数更是创 10 天 4 次熔断的历史记录，道琼斯指数相比 2 月份的历史高点，也在 24 天跌了 10000 点。这些信心指数的公布一方面反映出美国对于危机信心较弱，同时也透露出其背后即国家主流媒体所营造的拟态环境的消极性，使人们信心不足，加重了投资者和消费者的经济悲观，令经济进一步下滑，以致人们更加恐慌，社会也更不稳定。我国则有所不同，在同时期，由于新媒体形成的正拟态环境，大幅提升国人的信心指数，从而避免了社会恐慌，表现在投资信心指数方面，其下降幅度较小，如沪指虽然在新年之后第一次开盘的 2 月 3 日下跌 229.92 点，但在第二天就开始上扬，封盘时上涨 36.68 点。之后沪指虽有起落，但变动幅度都在合理区间之内，并没有大幅动荡的症状。深指也是如此，2 月 3 日年后第一次开盘下跌 902.24 点,2 月 4 日即上涨 310.00 点。

作者进一步肯定,这些数据不仅从量化指标反映出在一定阶段,正拟态环境对于我国应对危机蔓延的正面效应,同时也表明正拟态环境对我国社会经济有序运行,社会稳定兼具着同步、正向的积极作用。从国家战略层面来看,防止危机蔓延也仅是我国的阶段性目标,迅速恢复经济,保持人们正常生活和社会生产顺利进行才是社会稳定的根基,因此,媒体所营造的拟态环境提升人们信心指数的更为深刻的意义则在于促进人们对于未来经济合理预期,以推动整个经济复苏和持续发展。

五、 从数字命运共同体的高境界阐述了数字媒体在人类命运共同体中的作用

在第五章尾论中,首先,作者提出数字命运共同体是命运共同体的重要内容,并从以下几个方面进行了论证。

一是,命运共同体是一个系统的思想体系。作者认为"命运共同体"思想是习近平新时代中国特色社会主义的重要理论内容,是一个具有多重维度,且已形成较为系统的理论建树,其中以人类命运共同体为核心,并延伸出人与自然生命共同体、人类卫生健康共同体、数字命运共同体等层次。

二是,数字命运共同体是网络命运共同体的思想延伸。作者分析指出,数字命运共同体源于网络命运共同体。这一思想是习近平在2015 年第二届世界互联网大会上首次提出的,他强调互联网是人类的共同家园,各国应该共同构建网络空间命运共同体,推动网络空间互联互通、共享共治,为开创人类发展更加美好的未来助力。2020 年 9 月我国发起了《全球数据安全倡议》,在这个倡议中,不仅为制定全球数据安全规则提供了蓝本,而且蕴含着各国要携手努力、共同打造数字命运

共同体的思想。之后,在 2021 年的世界互联网大会,习近平总书记明确指出,"让数字文明造福各国人民,推动构建人类命运共同体"。在这一首先主导下,理论界开始以数字命运共同体为主题进行多重探讨,进一步丰富了这一研究内容。

总之,作者认为,命运共同体已经成为一个系统化的思想体系,一是从人类命运这一最根本的层面出发,确立命运共同体的核心体系;二是从人类生存的条件这一重要层面,完善命运共同体体系内涵;三是从人类生存的根本这一关键层面,延伸命运共同体的重要内容;四是从人类通过技术进步构建的网络层面来强化命运共同体之体系逻辑。

其次,作者提出数字媒体肩负构建数字命运共同体的重要使命。

作者分析了数字命运共同体与数字媒体的关系。他认为,数字本身是一种技术关系,但是,数字又不仅仅是一种数字技术关系,在本质上它还是一种社会经济关系。因此,基于马克思主义逻辑理解数字技术要素的相互联系则是一种通过社会关系表现出来的,以技术空间和社会空间统一体形式存在的虚拟空间。这一视角的选择,倘若欠缺马克思主义经济学功底是无法完成的。基于这样的理论背景,他点题指出,数字命运共同体思想的根据也就在于对马克思经济思想的发掘与运用,其实质是人类命运共同体思想在数字空间的延伸与发展,是人类利用所创造的虚拟世界载体来为自己服务的过程中,将本来的现实世界与虚拟的世界连接了起来,形成一体化的命运载体。

作者论证了数字媒体是数字命运共同体的重要内容。

一方面,数字媒体本身是以数字技术为支撑的数字媒介,数字技术对于数字媒体的存在、运行以及效率具有重要的作用。也正是数字技术的出现,使媒体被区分为传统媒体与现代媒体;另一方面,数字媒体又是一种社会经济关系,媒体是连接社会各类经济主体和各种生产要素的中介和桥梁,从而成为社会经济关系重要组成部分。

因此,基于上述两个方面的原因,作者认为,我们可以确定数字媒体也具有命运共同体的属性,也可以提出"数字媒体命运共同体"的概念,即主要是将数字媒体作为人类传递信息的共同载体,各国应该共同构建数字媒体命运共同体,推动数字媒体互联互通、共享共治,为开创人类发展更加美好的未来助力。

最后,作者提出,数字媒体肩负构建数字命运共同体的历史使命。

数字媒体命运共同体虽然是数字命运共同体的延伸与展开,但是,数字媒体本身并不是人类社会的本质,只不过是人类自己创造的用于发展自己的手段或者媒介载体。因此,从这个意义上讲,我们可以利用数字媒体这个全球共同载体来推进人类命运共同体的践行。具体对策分析如下:第一,"命运共同体"思想体系不仅是一种理论,而且还具有较强的实践性,其数字媒体将有所作为;第二,数字媒体对于治理数字命运共同体所面临的种种风险也具有重要作用;第三,数字媒体也肩负在全球范围内营造人类命运共同体正拟态环境的使命。

从2004年创办传播学本科专业至今,上海理工大学新闻传播学科已经走完了20年的发展历程。依托数字媒体产业蓬勃发展大背景,几代人的努力与奉献铸就了今日在学界、业界有着些许影响的"文理交叉、工文融合"学科特色。其间,我有幸主持了网络与新媒体系创建、新闻与传播专业硕士点的申报、新闻传播学一级学科博士点培育与申报及中国高教协会、上海市教委研究生/本科教改创新项目的申报与执行等工作,筚路蓝缕、玉汝于成。"最是人间留不住,朱颜辞镜花辞树",一代人有一代人的责任,一代人有一代人的使命。相信通过年轻一代的接力奋斗,上海理工大学新闻传播学科在学科特色、团队实力及教学科研水平提升诸方面会有新的发展、新的超越。"桐花万里丹山路,雏凤清于老凤声",李韵为人敦厚质朴、为学勤勉专注。希望李韵在数字经济与数字媒体交叉学科领域持续发力,与此同时,注重积极融入火热的数字媒体产业实践之中,久久为功,未来一定可期。

祝福李韵！祝福上海理工大学新闻传播学科！

任 健

2024 年早春于沪上

第一章

引论：数字经济与数字媒体

一、数字经济是一种新经济形态

（一）数字经济的基本内涵

当今，随着新一代互联网信息技术的加速发展与广泛应用，我们已经逐步进入了以数字技术为标识的数字经济这"一种更高级、可持续的经济形态"（裴长洪等，2018）。据 2019 年 9 月 4 日联合国发布的《2019 年数字经济报告》，中国已成为数字经济大国，就狭义的 ICT 产业而言，中美产业规模之和约占世界总量的 40％。报告指出，数字经济的规模难以测算，估计在世界范围内，占各国国民生产总值的 4.5％至 15.5％之间。

官方与学界对于数字经济做出了不同界定。据 2016 年 G20 杭州峰会发布的《二十国集团数字经济发展与合作倡议》的界定，数字经济是"以使用数字化的知识和信息作为关键生产要素、以现代信息网络作为重要载体、以信息通信技术的有效使用作为效率提升和经济结构优化的重要推动力的一系列经济活动"①。中国信息通信研究院则将其扩展为:以数字化的知识和信息为关键生产要素,以数字技术创新为核心驱动力,以现代信息网络为重要载体,通过数字技术与实体经济深度融合,不断提高传统产业数字化、智能化水平,加速重构经济发展与政府治理模式的新型经济形态。②而赛迪顾问将其更加精炼地概括为:以数字为基础的一系列经济活动的总和。③

将依托于信息、互联网等数字技术背景下的数字经济,作为一种新的经济形态界定受到学界的关注,学者们提出:数字经济是"各种社会活动都基于 0 和 1 的数字,能够用来动态地描述数字流动的经济"(赵玉鹏和王志远,2003);"数字经济是以知识为基础,在数字技术(特别是在计算机和因特网)催化作用下制造领域、管理领域和流通流域以数字化形式表现的一种新的经济形态"(何枭吟,2011);"数字经济是以信息和通信技术为基础,通过互联网、移动通信网络、物联网等,实现交易、交流、合作的数字化,推动经济社会的发展与进步"(逄健和朱欣民,2013);"数字经济是发生在虚拟而又严谨的数字空间中,应用数字技术、交易数字产品等相关的经济活动"(赵星,2016);"数字经济是主要以数字技术方式进行生产的经济形态"(李长江,2017);"数字经济以信息通信技术为核心的技术手段,在资源配置、渗透融合、协同等方面的能力空前提升,促进了全要素生产率的提升,是一种更高级、可持续的经济形态"(裴长洪,2018)。

---

① 《二十国集团数字经济发展与合作倡议》,http://www.cac.gov.cn/2016-09/29/c_1119648520.htm,2016 年 9 月 29 日。
② 中国信通院:《中国数字经济发展白皮书(2017 年)》,http://www.caict.ac.cn/kxyj/qwfb/bps/201804/P020170713408029202449.pdf,2017 年 7 月 13 日。
③ 中国电子信息产业发展研究院:《2017 中国数字经济指数(DEDI)正式发布》,https://www.ccidgroup.com/info/1096/22352.htm,2017 年 11 月 29 日。

从以上认识中，我们可以将数字经济提炼为：以"数字技术创新为核心"，并在这一新"数字技术催化下"的"新经济形态"；用0和1的"数字流动"来进行虚拟化、共享化、融合化运行的新经济关系；将信息（数据）和知识（技术）作为"关键生产要素"的"一系列经济活动"；一种高效率、高技术、"更高级、可持续的经济形态"。

如何来论证这一新经济形态，就必须首先审视其赖以产生的经济背景、生产力发展趋向、生产关系的状态，因为这一切答案都深植于经济生活本身的现实中。现实经济发展则是随着数字技术被广泛应用于社会的生产、交换、分配、消费等各个经济环节，带来了整个社会经济活动根本性的变化，使得数字经济成为一种新的经济形态。笔者在前期研究中，基于马克思主义政治经济学视角，将互联网经济界定为虚拟经济，提出互联网作为一种重要的经济因素已经极大地影响着人类的经济活动，进而将互联网作为一个经济学变量引入经济理论框架中。这里我们进一步看到，作为一种新经济形态的互联网经济，将经济社会分为实际经济社会和网络虚拟经济社会，同时更为重要的是，在这一过程中，它带来了以劳动资料变化为标志的生产力革命，以及社会的生产关系、交换关系、消费方式乃至分配关系的重大改变（马艳等，2016）。因此，我们认为数字经济与互联网经济内涵相同，它是一种新的生产方式。

判断一种社会经济形式是否为一种新的生产方式，马克思（Karl Marx）曾经用唯物史观做出了解释，他认为"人们在自己生活的社会生产中发生一定的、必然的、不以他们的意志为转移的关系，即同他们的物质生产力的一定发展阶段相适合的生产关系。这些生产关系的总和构成社会的经济结构……""物质生活的生产方式制约着整个社会生活、政治生活和精神生活的过程。"但是，当"社会的物质生产力发展到一定阶段，便同它们一直在其中活动的现存生产关系或财产关系（这只是生产关系的法律用语)发生矛盾。于是这些关系便由生产力的发展形式变成生产力的桎梏。那时社会革命的时代就到来了"。①进而,现有的旧的社会经济形态就要被新的社会经济形态所替代。

马克思主义根据生产力的变化来判定经济形态,认为,一旦生产力发生变化后,与之相适应的生产关系也将随之变化,同时社会经济形态也就会发生变化。依据马克思的经典理论,我们可以从两个维度来分析数字经济何以是一种新的经济形态。

(二)数字技术是一种新生产力

数字技术作为第三次技术革命的产物,它既是数字生产力发展的"测量器",也是数字生产关系的"指示器"。

数字技术如何界定?在传统的计算机学科中,数字技术被定义为:"运用0和1两位数字编码,通过电子计算机、光缆、通信卫星等设备,来表达、传输和处理所有信息的技术,主要包括数字编码、数字压缩、数字传输、数字调制与解调等技术。"②这是基于学科技术的狭义界定,今天它已经远远超出了这一内涵,目前一般认为数字技术是计算机技术、网络通信技术以及派生的各种技术的统称,包括人工智能技术、大数据技术、网络通信技术、区块链技术、物联网技术、云计算技术、视觉图像处理技术、地理信息技术等丰富涵盖,即与信息技术、互联网技术密不可分的一系列数字技术的总和。

马克思在分析生产资料和劳动者这些决定生产力的重要因素时,曾经指出"各种经济时代的区别,不在于生产什么,而在于怎样生产,用什么劳动资料生产。劳动资料不仅是人类劳动力发展的测量器,而且

---

① 《马克思恩格斯全集》第13卷,北京:人民出版社1998年版,第8—10页。
② 《数字技术(与电子计算机相伴相生的科学技术)》,https://baike.baidu.com/item/%E6%95%B0%E5%AD%97%E6%8A%80%E6%9C%AF/6539139?fr=aladdin,2022年6月13日。

是劳动借以进行社会关系的指示器"①。

为此，在数字化技术不断变革的背景下，数字技术通过渗透在劳动资料即劳动工具之中，也就成为数字经济为主导的时代技术进步的标志，同时也昭示着一个新的生产形式的到来，即用数字劳动进行数字化生产方式的时代的到来。马克思曾举例说："手工磨产生的是封建主为首的社会，蒸汽磨产生的是工业资本家为首的社会。"②列宁进一步补充说：电的时代是社会主义的时代。③同此，我们也有理由认为，数字技术产生的是数字经济时代。

以数字技术为标识的生产力也可以称为数字生产力，数字生产力与以往生产力相比的根本不同，是物质形式从有形的物质到无形的数字化的变化。这个变化不是通常的现实的物质条件的变化，而是一组数字或者一系列程序的虚拟性变化，因此，生产力的数字化特征也表现为虚拟化特征。

（三）数字生产关系的虚拟化特征

据唯物史观可知，当生产力发生了变化，与"他们的物质生产力的一定发展阶段相适合的生产关系"也将发生变化。以此，我们可以判定一种新生产关系的产生并做出特征的识别。

马克思曾指出，"无论生产的社会形式如何，劳动者和生产资料始终是生产的因素。但是，二者在彼此分离的情况下只在可能性的生产因素。凡要进行生产，就必须使它们结合起来。实行这种结合的特殊方式和方法，使社会结构区分为各个不同的经济时期"④。

马克思曾根据劳动者与物质生产资料结合方式的不同将人类社会

---

① 马克思：《资本论》第 1 卷，北京：人民出版社 2004 年版，第 204 页。
② 《马克思恩格斯全集》第 4 卷，北京：人民出版社 1997 年版，第 144 页。
③ 《列宁全集》第 38 卷，北京：人民出版社 1986 年版，第 117 页。
④ 马克思：《资本论》第 2 卷，北京：人民出版社 2004 年版，第 44 页。

划分五种社会经济形态;也曾根据人与物的依赖关系将人类社会划分为三种社会经济形态。马克思的划分原则无疑是科学的。虽然这些划分面对的均是实体经济,当今,在数字经济、互联网经济这些虚拟经济逐步发展的背景下,我们仍然可以依据这一科学原则,将社会经济形态区分为实体经济形态和虚拟经济形态。

根据数字劳动者与数字生产资料的虚拟结合方式将数字经济界定为新经济形态,主要在于这种特殊的结合使得数字劳动者与数字生产资料在生产中的地位和相互关系都具有虚拟化的特征:一是生产过程的各种要素都具有虚拟化特性,诸如虚拟产业、虚拟企业、虚拟的劳动、虚拟的生产资料;二是各个虚拟生产要素之间的产权关系出现了虚拟化倾向,即数字生产要素的产权是虚拟产权,这种产权关系可以超越现实产权限制进行分割、重组和分享;三是各个虚拟生产主体以及客体之间的关系也发生了虚拟变化,即不仅人与人之间关系虚拟化,而且人与物,物与物之间的关系也呈现虚拟化状态。

当社会生产力与生产关系发生变化后,其社会生产过程中的关键生产要素也会发生变化。

社会经济形态是生产力发展的一定阶段上与此相适合的生产关系的总和。那么,当以数字技术为基础的社会生产力发生变化,与此相适应的社会生产关系也发生数字化变化后,其整个社会经济形态也就升级为数字经济形态。

由于数字技术与信息技术以及互联网技术的密不可分性,理论界往往将数字经济与信息经济及互联网经济等同起来,甚至统一使用数字经济的概念。如最早提出数字经济概念的美国商人唐·塔普斯科特(Don Tapscott),他在1995年出版的《数字经济》著作中就是从互联网角度分析这一新经济形式。中国学者的研究也认为,"数字经济与网络经济、信息经济差不多是同义词"(李国杰,2016),它们之间"的确存在差异,不过这几个概念相辅相成、一脉相传"(何枭吟,2011)。还有学者提出,"数字经济建立在信息技术和网络基础之上,而网络经济是经济全球化的技术基础"(洪银兴,2001)。其间虽然也有学者对这些概念进行了区分,但也仅是研究视角和层面不同的阐述(鲁春丛,2017),并没有做出本质的区分。

我们认为,就一般意义上看,数字经济与互联网经济等确实难以区分,这是因为,这些经济形式的重要特征就是具有一定的虚拟性。

数字经济形态的虚拟特征首先是数字技术进步的产物,然后则在数字技术作用下生成了数字化的虚拟生产关系:一是数字技术通过镜像生成了一个虚拟的经济世界,各种数字经济关系都在这里远程的、非接触地发生虚拟的联系;二是所有的数字生产要素,如程序和数据这些无形技术载体都是这些关系发生作用的虚拟运行平台;三是数字技术可以超越现实进行经济关系的逻辑重构,构建出虚拟的生产关系,以及各种虚拟关系载体,如虚拟企业、虚拟市场等。

在数字经济形态下,随着生产力和生产关系数字化的虚拟变化,那么,作为生产力发展水平的"测量器",作为区分生产关系的"特殊结合方式"的关键生产要素也会发生变化。又由于大数据在现实数字经济活动对于社会技术进步的重要基础性作用,使得数据作为独立生产要素在社会生产过程中的作用也越来越重要。经典马克思主义一贯认为:"劳动者和生产资料始终是生产的因素"[1],"这些因素共同构成社会的生产力"[2],并"区分为各个不同的经济时期"[3]。

我们在上述生产关系虚拟化特征的识别、判断下,便看到了一种新

---

[1][3]　马克思:《资本论》第2卷,北京:人民出版社2004年版,第44页。
[2]　斯大林:《列宁主义问题》,北京:人民出版社1964年版,第645页。

的经济形态的真实面貌和并没有离开马克思经济形态划分原则的本质特征。

二、 数字媒体是数字经济活动的重要变量

（一）媒体是经济活动中不可或缺的要素

媒体是人类经济活动不可或缺的内容,诸如语言媒体是人们利用它来彼此交际、交流信息、达到相互了解的手段,而文字媒体可以使人们在更大的范围内交流思想,传输信息,从而促进社会生产力的发展。这些媒体都是在人类物质资料生产活动中诞生的,他们的诞生又反过来进 步促进生产力的发展。

这也是传媒理论自诞生以来就一直围绕着传媒对社会究竟有什么作用而展开的,也就是说传媒整个理论发展的历史就是讨论传媒如何对社会包括经济起作用而展开的。

如传媒理论的重要开拓者李普曼(Walter Lippmann)以及后来的麦肯姆斯(Maxwell Mocombs)和唐纳德·肖(Donald Shaw)他们的研究都是将传媒的社会作用放置在了重要位置。李普曼(1922)提出了"拟态环境"(Pseudo-environment)和"刻板成见"(Stereotype)两个重要的概念,他的经典论句是:人们误以为生存在客观环境,而其实是生存在被媒介精心构造拟态环境之中。麦肯姆斯和唐纳德·肖(1972)的著名理论则是:大众传播具有一种为公众设置"议事日程"的功能,从而影响着人们对周围世界的"大事"及其重要性的判断。

随后,拉扎斯菲尔德(Paul Lazarsfeld)和拉斯韦尔(Harold Lasswell)更加明确了传媒的社会影响力和具体作用过程,维纳(Norbert Wiener)与麦克卢汉(Marshall McLuhan)、卢因(Kurt Lewin)等还进一步分析了传媒对于社会环境与社会发展的影响作用。拉扎斯菲尔德影响较大的是提出了大众传播的有限效果论,以及"两级传播"和"舆论领

袖"理论。拉斯韦尔（1948）则以拉斯韦尔"5W"模式而著称，即：谁（Who）？说什么（What）？对谁说（Whom）？通过什么渠道（What channel）？取得什么效果（What effect）？维纳（1948）是从信息角度做出了理论贡献，提出信息的传输是人的感觉和能力的延伸，可以从一个世界延伸到另外一个世界。麦克卢汉（1964）则进而强调媒介的意义不仅仅是传递信息，而是创造了新的社会环境和文化环境。卢因（1947）提出了著名的"把关人"理论，认为只有符合群体规范或"把关人"价值标准的信息内容才能进入传播的渠道。马莱茨克（Gerhard Maletzke）（1963）把大众传播看作是包括社会心理因素在内的各种社会影响力交互作用的"场"。

总之，他们研究的目的都是探明传媒如何影响和作用于人类社会的问题。随着传媒学的深入研究，分支出了传媒经济学学科，其实质就是将传媒作为社会经济活动的重要因素来分析。

当下，关于媒体与经济活动之间关系的理论研究还在深化。

首先，一般性的理论研究，主要有：一是，媒体通过信息传递的方式来影响生产和消费行为，从而间接地影响社会经济活动理论（Owen，2002；李韵，2010）；二是，关于经济活动过程中的媒体要素研究，即三要素论（Islam，2002）、四要素论（张晓群，2009）、四变量论（李韵，2010）、消费的媒体要素论等（Doms 等，2004），此外，还有媒体偏见因素论（Groseclose 和 Hamermesh，2004）、媒体曝光论（李培功等，2010）和媒体政治因素论；三是，媒体经济作用理论模型，如传播效率变量的经济增长模型（张晓群，2009）、媒介学习的经济增长模型（张晓群，2009）和媒体金融危机作用模型（李韵，2010）；四是媒体对微观经济活动作用机制理论，如媒体对于微观经济主体的作用理论（李培功等，2010）和经济主体根据社会的媒体标准来进行自己的行为理论（Dyck，2002）；五是经济活动与媒体相互作用关系的理论（Islam，

2002；Djankov 等，2001）。

其次，传媒对宏观经济活动的作用研究，主要从经济增长、经济危机、社会公平、政府行为、经济政策、社会和谐等方面。如，媒体对于经济增长具有重要作用的观点（Owen，2002；Islam，2002；张晓群，2009），媒体对于影响经济增长的投资与消费这些变量有重要作用的观点（Doms 等，2004），信息（媒体提供的）对消费影响的观点。（Stiglitz，1961；Stiglitz，2000），媒体偏见对于消费的影响作用（Groseclose，2004；Hamermesh，2004；Shapiro，2006），媒体对于资本市场具有重要影响作用分析（Seetharanman 等，2002；Niederhoffer，1971；Shiller，2000），媒体与绿色经济增长的关系的研究（李宝萍，2010），媒体与经济制度和政策的关系的研究（张晓群，2007；Radenkovic，2010；李苓，1999；Christropher，2002），媒体对于经济危机的影响作用研究（Edison，1996；Kaminsky 等，1998；李韵和邱国景，2010；喻国明等，2009），媒体在公共危机中的作用分析，（李涧松，2010；冷淞，2008；黎开谊，2009；陈瑾等，2010；张维平，2006；张霆等，2009）。

再次，关于传媒对于微观经济活动的作用研究。国内外学界这方面的研究成果还不是十分丰富，一是，媒体对企业治理和影响作用的研究。认为媒体对企业治理有着法律制裁之外的补充作用，通过实证方法分析了媒体在公司治理中的作用，进而认为媒体曝光在企业监管和合作中发挥着独特作用，不仅影响经济人或者董事会在公众或股东中的形象，还会在未来影响他们在整个社会的形象（李培功和沈艺峰，2010）。二是，媒体对于民营企业发展的作用研究。主要是通过收集并研究媒体关于民营企业的报道，认为民营企业在中国是媒体中的"弱势群体"，媒体在报道时应该像对待国企一样公平公正，甚至给出一定政策倾斜（林晖，2010）。三是，媒体与企业品牌关系的研究，即肯定了新媒体形式在品牌传播中的广泛应用（马腾，2009）。

最后，媒体通过影响政治、文化、社会舆论而间接影响经济活动的研究。这一研究更多是体现在新政治经济学研究之中，其研究内容如：媒体通过对政治的影响而作用于经济活动(赵高辉，2010)，媒体通过对民主的影响而作用于经济活动(Sutter，2001；Couvering，2004；石义彬，2005)，媒体通过对社会舆论影响而作用于经济活动(方延明，2008；汪明亮，2006；戴晓蓉，2005；李海青，2010)。

（二）传媒作为经济变量的理论前提：传媒与信息的不可分性

上述理论研究无论从传媒对于经济活动影响作用，还是从传媒经济学角度的分析都是传媒学领域的研究问题。而从经济学的角度来看，传媒要素长期以来并没有被经济学纳入理论体系之内，经济学主要关注点是劳动、资本这些重要经济要素，甚至技术要素都长期被作为外生变量而无法进入经济增长模型[罗默(1986)将其内生化堪称经济增长理论的革命]。然而，信息革命不仅是技术革命，也为理论经济学带来了革命性变化，此后，经济学开始将影响经济增长要素由资本和劳动两个要素扩展为四个要素，即资本、非技术劳力、人力资本和新思想(信息)，这也为传媒作为经济变量进入经济学框架提供了理论前提。信息与传媒具有不可分性，信息可以进入经济学理论框架，那么作为信息载体的传媒也不可避免地可以作为经济学变量进入经济学体系。

从传媒的形态变化和它的作用特点进行分析，可以发现传媒和信息具有不可分性。

首先，从传媒作用功能来看，媒介工具与信息也是不可分的。

众所周知，媒体具有四个显著功能，即监视功能、联系功能、传承功能和娱乐功能。而这四个功能都与经济活动密切相连，就前两个功能来看其联系性更强，如监视功能就是将信息展示出来的功能，包括展示经济方面的信息，如股市行情；展示社会生活信息，如交通情况、天气预报以及各种社会新闻等;还有预警信息,如极端天气情况或威胁公众安全的信息等。而联系功能即解读信息,并对社会进行管理和监督。这里的信息经过了媒体的解读带有一定的倾向性,如曝光偏差行为的信息来引起全社会注意,处理并达成共识,从而强化了社会规范;再比如选择个人或组织授予并突出其社会地位,使其成为意见领袖(专家或成功人士),塑造精英阶层;还有就是阻止对社会稳定的威胁,监视掌握公众意见,并通过引导公众行为阻止威胁或将损失降到最低,并可以制约政府保护人民。

其次,从媒体形态的变化来看,现代媒体的出现更加显现出传媒与信息的不可分性。

现代媒体是不同于传统媒体的新媒体,是以现代网络技术为传递工具,以网状发散结构突破了传统媒体信息流动的线性结构,从而实现了信息传播形态的革命。现代媒体对于信息的作用力更加强化,表现为:具有较大的信息流量,现代媒体技术使得人们可以通过网络搜索引擎随时随地接触一切可获得的信息,而其接近和利用成本较传统媒体几乎可以忽略不计。具有明显的去中心化,即现代媒体借助其高存储量、流播放、搜索引擎等使得受众可以随时随地获取需要的信息,由定时传播变成了即时传播,使得信息传播从媒体为中心转变成了信息为中心。具有较强的交互性,现代媒体传播方式由传统的一点对多点变成了多点对多点,每个信息接收者同时也是信息发布者,从而使得信息传播变成了所有人对所有人的传播。具有较高的透明度,现代媒体的传递信息获取和发布更容易,信息更公开透明,所以信息隐瞒更加困难。具有突出的实时性,现代媒体技术使得信息发布和接受的时滞性变得几乎可以忽略不计,人们可以随时根据得到的信息调整自己的经济行为、社会行为以及文化行为。具有跨时空性,传统媒体由于信息流速的缓慢以及双向信息渠道的稀缺,传播的范围受地域和时间的局限而难以辐射更为遥远的区域;而以媒体技术为基础的现代媒体不但具有信息互动功能,还能使远隔千里万里、所处环境迥异、全无干系的人也能建立起关系,相互交流,超越了地域的阻隔和时间的差异,具有了极大的延伸性,跨越了时空。

从信息角度来理解媒体,两者也是不可以分离的。

首先,就信息的可传递性来看,信息是有价值的,因此它必须是可传递的,就犹如一个商品只有被交换出去才有价值,如果不能交换就没有价值。信息也是一样,不能传递的信息只是潜在信息,只有信息被传递出去才能实现其价值,因此可传递性是现实信息最重要的特点,而这一过程则离不开媒介工具。

其次,就信息可依附性来看,信息只有依附于物质载体才能成为供人们交流和共享的信息。比如语言文字、图像声波、纸张磁带和胶片光盘、网络等都是信息的载体,没有这些载体信息是无法表现出来的。信息的依附性正是抽象性的延伸,正是因为信息是高度抽象的,它只能通过载体来表象,正是因为有了这些载体才能成为一种可供广泛利用的信息资源和信息财富。信息的这一特点也是由媒介工具决定的。

再次,就信息共享性来看,信息这一特性也是由媒介工具决定的,因为很大一部分的现代媒介工具如网络、电视、广播等都具有公共属性,当信息从传者转移到受者时,传者不会因此而丧失信息。信息作为一种可利用的社会存在,为社会所共有。在一定的时间和空间上,在一定的程度和范围上,信息是可以共享的,它不为某一个体所独占。信息与物质不同,不会因交易、利用而失去或减少。相反,由于信息的传递、反馈和利用,信息内容变得更加丰富。

以上可见,无论从什么意义上看,媒介与信息都是密不可分的,如果我们将媒介与信息视为统一体,便可以将其本质定义为利用各种媒介载体将各类信息传递到客体(受众)的一个过程(李韵,2017)。

当我们不再将现代传媒仅仅视为工具,而是将其信息捆绑在一起,可以解决现代媒体在理论逻辑和现实逻辑的困境。

首先,就理论逻辑上,如果现代媒体仅仅是单纯的媒介工具,就很难作为经济变量被纳入经济学视野。这也是长期以来媒体总是被排除在经济活动影响因素之外的重要原因。因为理论经济学认为只有信息而不是信息传递工具才能影响消费、投资等各种经济行为。如果我们将媒体不仅仅定义为单纯的媒介工具,而是视为与信息不可分离的统一体,那么,媒体就可以作为经济变量被纳入经济学框架之内。

其次,就现实逻辑来看,传媒对于整个社会经济、政治以及文化等方面的影响作用越来越大,尤其是媒体对传统的生产、生活方式以及社会关系产生了革命性的影响。但是,这些影响作用因素绝不是一个媒介工具可以完成的,信息是不可或缺的内容,这恰好是现代传媒作用凸显的重要原因。同时,媒介工具对于信息的作用也是不可小觑的,没有媒介,抽象的信息就不能转换成为现实信息,也就无法实现其价值(李韵,2017)。

三、 数字媒体对于数字经济活动的作用特征

(一) 数字经济背景下媒体的数字化变化

在数字经济形态下,传统的生产要素都发生了数字化的变化。

首先,劳动由一般的实体劳动为主转变为以数字劳动为主。所谓数据劳动就是掌握一定数字知识与技术的劳动者有目的、自觉地生产活动。人是社会生产的主体,是能动的生产因素,劳动的对象是客体,是被动的生产因素。马克思认为,生产资料都是死劳动,真正能够创造价值的劳动是活劳动,"机器不在劳动过程中服务就没有用。不仅如此,它还会由于自然界物质变换的破坏作用而解体。铁会生锈,木会腐朽。纱不用来织或编,会成为废棉。活劳动必须抓住这些东西,使它们

由死复生"①。"活劳动是替积累起来的劳动充当保存自己并增加其交换价值的手段。"②然而,人能成为生产力中的能动要素,不仅是因为人可以运用自己的劳动体力能力作用于自然界,更重要的是因为人还能运用自己的智力能力,认识自然和改造自然。当人们运用数字技术力量来认识和改造经济世界的情况下,这时人的劳动就是数字劳动,即掌握数字技术的劳动者所具有的数字劳动能力。

其次,生产资料由实体生产资料转变为数字生产资料为主。所谓数字生产资料,包含数字劳动资料和数字劳动对象。所谓数字劳动资料主要是指人们在生产过程中用以改变和影响劳动对象的一切数字生产工具、数字生产场所等,我们将程序视为数字机器,互联网视为数字场所。所谓数字劳动对象则是数字劳动者在生产过程中所加工的一切数据资源。它包含没有经过人的数字劳动处理过的原始数据和经过数字劳动加工处理后对象化的数据产品。

以上这些都是数字经济社会中最基本的生产要素,是影响数字经济发展的最基本的变量。然而,影响经济活动的变量是多元的,除了劳动者和生产资料这些最基本的要素之外,还有许多变量对于经济活动具有重要影响作用。诸如理论界从技术角度将技术作为内生变量引入经济理论模型作用,从制度角度将其作为虚拟变量放置在经济体系进行考量,而现代传媒学也试图将媒体作为一个经济变量纳入经济体系之中。

毫无疑问,在数字经济新形态下,传媒也同劳动者和生产资料这些基本生产要素一样,也会发生数字化的变化,我们现时期的所谓数字媒体就是数字化媒体,或称数字媒体。它同数字生产要素一样是随着数字生产力和数字生产关系的变化而发生了变化,对于数字经济活动作

①　马克思:《资本论》第1卷,北京:人民出版社2004年版,第207—208页。
②　《马克思恩格斯选集》第1卷,北京:人民出版社1972年版,第364页。

用的一般逻辑虽然没有变化,仍然是影响数字经济活动的重要变量,但其特殊性也是显而易见的。

就技术视角来看,数字媒体是数字技术的产物,或者说是数字生产力发展产物,因为数字技术就是第一数字生产力。而所谓的数字技术就是按照以 0 和 1 排列组合一组数据或者一系列程序,它虽然是物质的,但非实体,反映到媒体上就表现为数字化特征,并明显区别于传统媒体。

因此,在这个意义上,数字媒体就是以数字技术为基础的传递信息的媒介工具。

就生产关系视角来看,在数字技术背景下,人与人的经济关系可以超越时间和空间的限制,通过数字媒体工具发生远程的、即时的、非接触性的联系。这种经济关系中数字媒体的作用就超越传统媒体的实体性传递作用,而且不受时间和空间物质条件限制,通过数字发生虚拟化的联系。可见,数字媒体在数字经济中的作用不仅重要且必不可少。

(二)数字经济背景下数字媒体的作用特点

在数字经济条件下,媒体的数字化新特征使其对数字经济活动的作用效果更强于传统媒体。

首先,数字媒体传递经济信息的范围更广。现代数字技术使得媒体的信息整合力更大,信息传递的单位成本更低,信息传递的反复性和互动性更强,现代媒体的这三个优势使得信息能够在数字经济活动中获得更加广泛的传播和宽广的覆盖。

其次,数字媒体传递信息的速度更快。传统媒体在传播信息的过程中的一个重要特点就是存在时滞。在数字经济条件下,数字技术改变了数字媒体传播方式,使得所有人和行为主体都可以成为传播者,这样作为受众的个人和企业能够利用数字媒体比较及时地了解和掌握经济信息状况和政府的宏观经济政策,而作为受众的政府也能够通过数字媒体掌握微观经济主体的表现和反应如消费和投资情况，从而降低了信息的滞后性。

再次，数字媒体传递信息效率更高。数字媒体区别于传统媒体的另一个比较重要的特征就是在信息获取上更加透明和互补。在数字技术的作用下，数字媒体缩短信息源的距离，增加了信息获得渠道，特别在大数据支撑下，信息获得变得更加容易，传递更加自由，信息隐瞒变得困难，而数字媒体呈现出更加多样化、立体化、主动化和通俗化的表达方式，进而增强了信息的真实性和可靠性。因此，人们可以在各类信息中对市场进行有效判断，从而形成比较明确的消费和投资策略。

最后，数字媒体传递信息主动性更强。数字媒体使得人人都是自媒体，信息的传送和接受变得及时有效，传递出去的信息能够在最短的时间得到反馈。这样，可以通过数字媒体进行关于经济信息的沟通和交流，可以在短时间内引起人们对经济热点信息的广泛关注，可以及时把市场现状可能造成的后果和人们对其的态度和反应体现出来。从而，使得微观经济主体和宏观决策主体可以主动地、直接地通过数字媒体来传播和获取信息，做出经济活动的理性预期。

（三）数字媒体对数字经济活动的作用机理

从经济学角度分析数字媒体对数字经济活动的影响作用，主要可以着眼以下三个途径。

首先，数字媒体可以在一定程度上降低信息的不完全性。

一般意义的信息不完全性有两层意思：一是绝对意义上的不完全，即由于认知能力的限制和世界过于复杂而人理性的有限性造成的；二是相对意义上的不完全，即市场经济本身不能够生产出足够的信息并有效配置他们。

从数字传媒角度看信息不完全性，其客观原因主要是因为信息受制于信息的创造、信息的传播渠道、信息的数量和信息的时滞性，因此想要解决信息的不完全性,数字媒体就会有所作为。就信息创造而言,数字媒体对信息的创造能力很强,可以将大量的自在和自为信息转化为现实信息。就信息的传播渠道而言,现代数字媒体可以利用大数据和网络技术处理和传递海量信息。就信息的传递时滞性而言,以数字技术为基础的数字媒体在很大程度上缩短了这一传递的过程,人们可以即时地接触世界上大部分的最新信息。

其次,数字媒体可以在一定程度上缓解信息的不对称性。

信息不对称理论是建立在信息不完全理论基础上的重要理论,提出行为者拥有的信息不仅是不充分的,而且其信息的分布是不均匀、不对称的,而这将严重影响市场的运行效率并经常导致市场失灵。

从数字传媒角度分析信息不对称问题,可以发现,信息不对称问题无非是信息传递和信息甄别的问题,信息占有优势者为保持自己的优势持续获利,不愿意将信息传递出去,或传递出的信息也不是真实的;信息占有劣势者为了消除劣势急需获得信息,在获得信息的同时还要对信息进行甄别,辨别其真伪。数字媒体在解决信息不对称问题有着自己特有的手段和优势,其中最大的优势就是可以将私人产品转化成公共产品。数字媒体是依附于数字技术之上的媒体,其公共性较强,负载的信息也有较强的公共性。例如数字媒体为人们提供了自由发布信息和交流信息的平台,人们出于信息交换需要,对意见领袖的追逐和自我满足等原因愿意将信息提供出来进行交流交换,于是数字媒体就将私人产品转换成了公共产品,这也就是媒体所具有的公开性和共享性。可以说,数字媒体解决了信息占有优势者不愿传递独占信息、垄断信息的问题,数字媒体对信息的传递使信息占有优势者丧失了其优势,而信息劣势者的劣势得到了补足,同时还有利于信息甄别,信息就会趋于对称,信息占有就会趋于均衡。因此,委托代理中出现的逆向选择和道德风险也可以得以解决,人们可以逐步进行最优选择,市场最优化也可以逐步得以解决。

再次，数字传媒可以在一定程度上降低信息搜寻成本。

信息经济学认为，信息是不能免费获得的，因此需要搜寻，但是，搜寻是有成本的，搜寻的次数越多，密度越大，信息的价格就越高。那么，如何解决这一问题就成为经济学中的难题之一。

从数字媒体来分析信息搜寻成本问题，我们可以获得新的认识。一是数字媒体的信息搜寻成本很低，可以忽略不计。数字传媒由于数字技术的支持使其具有较强的共享性，因而信息传递成本是低廉的，如在数字媒体条件下，人们只要打开网络就可以获得海量信息，这些信息对于生产者和消费者而言都具有重要的生产和消费效应，其搜索成本几乎可以忽略不计。二是数字媒体可以改变价格离散状态。媒体传递信息越多，人们在市场交易中的代价就越少，其市场价格就越接近最低点，从而市场的离散程度就越低。媒体信息与市场价格离散之间呈现反方向变化的关系，就是说，媒体信息增加会促使市场价格离散程度变低。人们借助媒体信息的影响，就能在相当程度上达到收敛价格离散程度和控制价格较大幅度波动的目的。三是数字媒体的信息搜索可以替代私人搜索。在数字技术条件下，通过数字媒体的搜索引擎可以获得所需任何信息，并且这些媒体信息的获得无论是时间成本和货币成本都远远低于搜索成本，这样，数字媒体的搜索就替代了私人搜寻行为。数字媒体这一作用降低了信息的价格，提升了经济活动的效率。

确定了数字媒体在经济活动中的重要作用之后，就可以从微观、中观和宏观视角来分析现代数字媒体在数字经济中的重要作用。

第二章

微观视角：数字媒体对数字经济背景下企业融资影响作用研究

一、 数字媒体对企业融资影响的理论探讨

（一）关于企业创新与融资关系的探讨

创新作为经济增长的核心驱动力,也是企业保持市场竞争力的主要实现路径。然而企业创新是一个长期、复杂的过程,不仅需要良好的内部环境,也离不开外部环境的支持。如熊彼特(Joseph Schumpeter)(1911)较早就将创新定义为,把一种从来没有过的关于生产要素的"新组合"引入生产体系,并且这种新组合包括引进新产品、采用新技术、开拓新市场、掠夺或控制原材料新的供应来源、实现工业的新组织。在这里他所讲的新市场和原料供应来源都是外部环境。他在企业家和大企业创新模型中,主要勾勒了来自创新的利润(或亏损)到企业进行创新投资活动的循环路径,强调企业家创新主体作用,识别

出企业家创新动机是追逐超额利润,同时也没有忽略企业创新的外部环境,如他将"在新技术上的创新投资"和"变更了的市场结构"都纳入其模型之中。

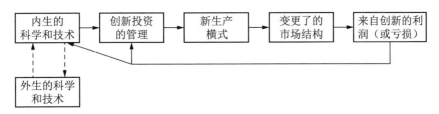

图 2-1　熊彼特大企业创新模型(Rothwell 和 Zegveld, 1985)

新熊彼特代表人物卡萝塔·佩蕾丝(Carlota Perez)(2007)也在她的创新模型中考虑到了环境影响,她指出"任何技术转型只能在社会变革、政治变革和管理变革的互动与合作中发生",而"不同国家和地区进行制度变迁的能力和愿望不一样,这取决于社会因素、政治因素和特殊的历史环境,以及其他社会的和政治的冲突和观念"。这个历史环境虽然较为广义,但是可以说明她已经考虑到了技术进步的外部环境问题。

此后,理论界关于企业创新的研究中,在将影响企业创新的因素总结为企业规模、公司治理、市场竞争、政府补贴和金融发展等不同要素的同时,依然注重内部因素和外部环境的区分,并认为金融环境是影响企业创新的最为关键的外部因素之一(冯根福等,2021)。

拉佐尼克(Lazonick)(2016)将企业创新条件概括为三个方面:策略控制,组织整合和财务承诺。策略控制和组织整合被视为企业创新的内部约束条件,而外部资本则是财务承诺中的两大资金来源之一,他认为,企业创新需要持续的资金投入,虽然,内部收益通常是资金投入的重要形式。这种内部资本必须经常通过外部资金进行补充,如股票发行、债券发行或银行贷款,这些外部资金在不同时期、不同地域,可能或多或少会承诺用来维持创新过程。

对于企业创新而言,外部环境也有轻重缓急之分。一般意义而言,资金是企业创新的命脉,是企业新技术创新、新产品生产和市场推广的必要条件,因此,企业创新的融资条件就成了企业创新的重要外部条件。

为获得支撑企业创新行为持续进行的外部金融资本,企业可以寻求股权融资、债权融资和政府资助三种方式。

然而,企业尝试进行外部融资时经常会面临最大障碍则是信息不对称问题,即一方面银行与政府以及投资者为将资金配置到最优质的创新型企业中去,可能面临市场和产业信息的收集和甄别的困难,另一方面企业通过全方位展示自身的优势来吸引银行和政府以及股权投资的资金支持也存在信任度和自愿性方面的困难。因此,企业通过什么信息渠道将企业自身的创新能力真实展示出来,降低融资约束;政府和金融机构以及投资者通过什么平台全方位获取企业信息,从而提高其融资和投资效率就成为人们关注的重要问题。

在大数据时代,在数字媒体的背景下,企业信息披露愈加多渠道、全方位,使信息的完全性获得提升,这在一定程度上缓解了信息不对称问题,当然,也存在海量数据甄选和处理等方面的问题,从而形成了新的信息不对称问题。

(二)关于信息披露方式与企业融资关系的探讨

理论界对于企业信息披露的关注点主要有两个方面,一是企业自我信息披露视角,二是社会信息公开披露视角。

关于企业自我信息披露,学术界进行了一些探讨,其中,企业社会责任信息指标备受关注。企业社会责任指标一般是由专业数据公司对企业自我披露数据进行整合后所建立的指标体系,主要包含股东责任、员工责任、供应商、客户和消费者权益责任、环境责任和社会(贡献)责任五项考察,各项分别设立二级和三级指标对社会责任进行全面的评价。其中涉及二级指标 13 个，三级指标 37 个①，这些指标一般可以反映企业的整体综合情况。

就社会信息披露而言，一般是指大众媒体公开披露的信息，也称为社会关注，其量化指标则是社会媒体关注度。

在数字媒体条件下，无论是企业自我信息披露，还是媒体公开信息披露都具有数字媒体特征，即可以利用广播、电视、音像、电影、出版、报纸、杂志、网站、数据库等不同媒介手段和形态，通过融合的广电网络、电信网络以及互联网络进行传播信息，使得任何人、在任何时间、任何地点、以任何终端获得任何想要的信息。

在企业创新理论研究方面，企业信息的披露对于企业创新的影响作用也受到了学术界的注意，在考察企业创新的外部条件，学者也关注了企业自我信息披露和社会媒体关注对于企业创新的影响。其中，这一因素对于企业创新的融资约束条件的改善作用问题也有涉及。

在关于企业社会责任信息披露对于企业创新融资约束影响作用的研究方面，一些研究者提出，企业社会责任信息的自我披露对于企业创新融资约束的改善具有一定作用。他们指出，企业社会责任信息的自我披露有助于帮助投资者识别企业的债务偿还能力（冯丽艳等，2016），替代会计稳健性缓解融资约束（钱明等，2016），从而帮助企业获得长期有效的资金，降低企业的融资约束（鞠晓生等，2013）。

还有一些学者从信息不对称问题视角分析了这一问题。他们提出，企业社会责任信息的自我披露有助于解决信息不对称问题（Leuz等，2000；何贤杰等，2012），从而提升企业获得融资的机会（沈艳和蔡剑，2009；翟华云，2012），降低企业的融资成本（Granovetter 和 Mark，1985；Dhaliwal 等，2011；Gross 和 Roberts，2011；李姝等，2013）。在

---

① 参见和讯网上市公司社会责任报告专业评测。

具体分析时则主要聚焦三个方面,一是从投资者角度来看,企业社会责任信息披露可以降低企业与投资者之间的信息不对称程度从而获得更多的投资(Botosan, 1997; Khurana 和 Raman, 2004; Hail 和 Leuz, 2006; Chen 等,2009; El Ghoul 等,2011; Gross 和 Roberts, 2011)。二是从企业声誉来看,企业社会责任信息披露降低了企业与监管机构和银行之间的信息不对称程度,从而提升了企业在这些领域内的声誉,为企业上市融资(周一虹和陈文文,2007)、获得信贷(Fombrun 和 Charles, 2005)提供了便利条件。三是企业社会责任披露有助于企业利益相关者获得企业相关信息(Choi 和 Wang, 2009; Dhaliwal 等,2011),从而与企业之间形成长期稳定合作,降低企业融资难度(Jones, 1995; Eccles 等,2012)。

在媒体社会关注与企业创新融资约束之间关系的研究方面,一些学者提出媒体关注可以通过改善企业的融资约束而提升企业的创新能力。他们认为媒体关注通过融资约束等中介机制会对企业创新产生促进作用(张岳和彭世广,2020)。就股权投资而论,媒体关注是股市的重要的"催化剂",能够引导股票流动性"有选择性"地对实质性创新产生助益(杜金岷,2020)。从政府补助影响创新的角度来看,媒体关注能够强化政府补贴与企业创新投入和创新产出的正向作用,而负面媒体报道在政府补贴与企业创新投入和创新产出间则具有显著负向调节作用(蒋安璇,2019)。

从信息不对称视角出发来研究媒体关注对企业创新融资约束的作用分析也有较为具体的探讨。一些学者提出,媒体关注能够将企业相关信息有效传递给政府、外部投资人和利益相关者,降低企业与他们之间的信息不对称程度,从而增加了企业从这些渠道获得融资的概率,减少了企业的融资成本(卢文彬等,2014),降低企业的融资难度(Husted 和 Allen, 2006;张敏等,2013;李汇东等,2013)。他们认为,企业也可通过媒体向市场传递积极信号，缓解融资约束（Verrecchia，2001），媒体关注也可以加速信息融入市场的过程，提高市场效率，从而对股权投资产生影响（郦金梁，2018）。

上述文献表明，理论界就企业社会责任信息自我披露对企业创新融资约束影响作用的分析已经取得了一定的进展，就媒体关注信息的公开披露对于企业创新融资约束影响作用的探讨也很丰富。但是，这些研究往往或者从企业社会责任自我信息披露，或者从媒体社会关注的单一视角来分析企业创新问题，虽然在分析过程中也涉及企业创新的融资约束问题，但是，很少注意从两者的双重视角来分析企业信息披露对于企业创新的融资约束影响作用问题。然而，在数字经济背景下，在大数据和数字媒体迅速发展的条件下，单纯考虑单一信息披露对企业创新融资约束的影响作用已经无法解决信息不对称新问题，需要从全方位、多要素来考察与探讨。为此，本章选择企业自我信息披露和媒体社会关注两重视角研究企业创新融资约束条件的改善，从理论上分析创新企业社会责任信息自我披露与媒体关注信息的公开披露协同作用，对解决企业创新融资约束的理论逻辑和作用效应，在实证分析上选取2010—2018年沪深两市A股上市企业作为研究样本，考察了企业社会责任信息披露和媒体公开信息披露对企业创新融资约束的影响作用，以及两者协同作用效应。以期为企业创新外部环境的研究做出更为深入的分析，在实践上为解决企业创新融资障碍提供政策思路。

二、 媒体关注与企业社会责任对企业融资的现实作用

（一） 媒体关注对企业融资环境的改善与局限性

理论界将媒体的社会关注纳入企业问题研究的视野也是近几年的事情。因为，长期以来经济学界都将媒体因素排斥在经济学体系之外（李韵，2016）。将媒体因素广泛纳入经济学领域进行探讨则是从企业

治理这类问题开始,诸如学者分析了媒体关注在公司治理方面的监督作用,提出媒体的报道增加了公司对违规行为的治理比率(Dyck 等,2008;李培功和沈艺峰,2010),认为媒体关注对企业发展政策有影响(Dyck 和 Zingales,2002;Bowen 等,2020),指出媒体关注对企业治理中的高管薪酬也具有影响作用(李培功和沈艺峰,2013;Kuhnen 和 Niessen,2012;罗进辉,2018)。

随着研究的深入,理论界的研究开始涉及媒体关注对于企业创新的影响作用。学者提出媒体关注对企业创新具有正向促进作用,媒体关注可以通过多种途径促进企业创新,如媒体关注能够提升企业内部控制的有效性进而为企业创新营造良好环境,从而促进企业创新(许瑜等,2017)。媒体关注可以增加企业的经营压力从而促进企业的创新,即媒体关注可以通过传播竞争对手的创新活动信息,营造企业的创新竞争压力,从而促进企业的创新活动(夏晓兰等,2018)。媒体关注还可以通过舆论压力形式监督管理职能,从而促进企业的创新特别是绿色创新(李大元等,2018;Kathuria,2007;张济建等,2016;潘爱玲等,2019;Li 等,2017;王云等,2017)。此外,媒体关注会对企业创新促进作用的程度产生影响,区别媒体来源的研究发现,来自政府媒体的关注对于企业创新的促进作用更加明显(欧锦文等,2020)。

当然,也有学者认为,媒体关注也可能抑制企业创新。他们认为,媒体关注对企业造成的媒体压力将会导致企业管理者出现过度关注企业短期业绩的短视行为,但创新活动多为高风险、长周期行为,为此企业管理者将会减少对创新活动的投入(阳丹和夏晓兰,2015;Dai 等,2015;Graham 等,2005),但这一抑制作用将会通过分析师对企业创新活动的价值甄别(阳丹和夏晓兰,2015)、企业会计业绩的表现情况、企业内部治理结构、企业的所有制(刘萌,2019)等因素有所缓解。还有学者提出,媒体关注对企业创新的影响会根据媒体关注和企业特性的不同而产生或正或负的影响(杨道广等,2017;南楠等,2016)。此外,一些学者提出,媒体关注并不直接影响企业创新,而是作为其他因素影响企业创新的中介机制对企业创新产生影响(杜金岷,2020;蒋安璇,2019;佟芳芳和赵秀云,2020)。

在这些理论探讨过程中,理论界已经涉及媒体关注对于企业创新的外部环境的影响作用,其中,也考虑到了媒体关注对企业融资约束的影响作用。一些学者提出,媒体关注的监管作用可以有效降低企业的融资成本,从而缓解企业的融资约束(林晚发等,2014;Borochin 和 Cu,2018)。在具体分析中,更多的研究则是讨论媒体关注如何改善企业所面临的股票市场融资环境。

根据这些理论分析,可以发现,理论界就一般意义上对于媒体社会关注与企业融资约束环境的关系做出了较为深入的分析,特别是聚焦于媒体关注对于股票价格变动和投资者关注度的实证分析,当然,这里也有媒体关注对于企业创新的影响作用的直接分析。从中我们也可以获得一些新的认识。

首先,理论界已经开始将媒体因素作为一个重要变量引入的经济学框架里,这在经济学领域和传媒学领域都是一个革命,这不仅意味着学科发展边缘的模糊性和交叉性,也表明媒体关注的社会性对于经济活动的重要影响力(李韵,2013)。因为媒体的关注具有较强的公开性,很多文献对于媒体信息的披露称为媒体曝光,它会将一些企业不愿意主动披露的信息直接暴露出来。在数字技术时代,由于数字媒体技术的发达,这些媒体曝光的信息传递的速度和维度都是以往不同时期无法比拟的,因此,媒体曝光的社会影响力就非常大,其公开性也非常强,企业自我信息披露影响力也无法与之比拟。

其次,理论界注意到了媒体的信息披露对于企业创新和企业融资约束的重要影响作用。一方面,这些研究考虑到了媒体关注可以缓解企业的融资约束从而提升企业的创新绩效(张岳和彭世广,2020)这一重要问题,这是从企业创新外部环境入手,着眼于企业创新的融资约束改善,就媒体信息的社会性披露做出的探讨,为我们的研究提供了充分的前提条件。另一方面,理论界更加广泛的研究则是关于媒体社会关注对企业直接融资的影响作用机理,这类研究主要讨论了媒体关注能将企业相关信息有效传递给政府、外部投资人和利益相关者,降低企业与他们之间的信息不对称程度,改善企业所面临的股票市场融资环境,从而解决企业融资约束问题。这一研究也从企业融资的一般意义上说明了媒体社会关注对企业融资约束的影响作用。这些研究文献证明,理论界还是肯定了媒体公开信息披露对企业融资约束具有一定的影响作用,当然,由于研究者所关注的角度不同,这些研究关于媒体社会关注对于企业创新的融资环境改善具体作用机制的分析还有待于深入和具体化,这也为我们的研究留下了空间。

最后,通过上述文献的整理,也可以发现一个端倪,即在大数据时代,现有的研究仅仅从媒体关注这一社会信息披露单一视角的研究还不能完全说明问题。许多文献分析了媒体社会关注对于企业创新和企业融资环境的负面作用。一些学者提出媒体关注会抑制企业创新,理由是媒体关注会导致企业过度关注企业短期业绩,减少对创新活动的这类长期投入,也会更加偏好创新风险规避,影响企业创新的动力(阳丹和夏晓兰,2015)。也有研究表明,负面媒体报道在政府补贴与企业创新投入和创新产出间具有显著负向调节作用,削弱了政府补贴对企业创新绩效的积极作用(姚颐和赵梅,2016)。就股市方面,学者提出负面新闻则会降低股票价格和股票收益率,因为异常的媒体覆盖会使投资者产生强烈的情绪波动,造成了公司股票价格偏差(曾庆生和胡广运,2010)。这些分析说明,媒体关注虽然具有较强的社会性和公开性,但是,也会存在信息效应放大和媒体负拟态环境,产生新的信息不对称方面的问题。总之，媒体社会关注通常专注于特定信息，如利好信息或者坏消息，其中对坏消息的关注以及坏消息的影响作用又尤为明显，而一般类消息（如中间消息）则偏少。因此较之企业自我披露而言，媒体社会关注虽然社会性更强，受众更多，但其传递的信息内容却具有片面性、主观性等问题，亟须大众媒体之外的补足。

（二）企业社会责任对企业融资环境的改善与局限性

理论界将企业社会责任与企业创新之间联系起来进行考察经历了一个长期的认识过程。

企业社会责任概念是克拉克（J. Maurice Clark）1916 年首次提出，后来经过长期的发展形成了一个系统的理论。这一理论最早可以追溯到 20 世纪以前，从社会开始关注商人"服务社会和国家"的责任开始就已经萌芽，自 20 世纪初至 60 年代末，随着学界围绕企业社会责任这一话题不断探讨和研究，逐步形成了基于哲学伦理理念的社会责任概念，即认为所谓社会责任是超越企业法律责任和经济责任之上的社会意义上的责任。如克拉克就明确指出社会责任很大一部分是企业的社会责任，需要发展这种原则并将它深植于我们的商业伦理中。到 1923 年，美国学者汤普森（Thompson）和谢尔顿（Sheldon）进一步指出企业社会责任是企业经营者需要满足产业内外相关者的诉求，这种责任应包括道德因素，并将社区的利益作为一项衡量尺度。在 1953 年，以"企业社会责任之父"著称的博文（Bowen）提出企业要根据社会的目标和价值来制定政策、做出决定和采取行动的义务。在 1960 年，与博文齐名的戴维斯（Davis）提出了著名的"责任铁律"，即企业的社会责任必须与企业的社会权利相称，若企业逃避社会责任将会丧失社会权利。

20 世纪 70 年代以来，随着企业社会责任问题研究的不断深入，其理论内涵也就更加广泛，理论界逐渐回避企业社会责任中内生的哲学伦理观困境，将企业社会回应、企业社会绩效、利益相关者、可持续发展、三重底线、企业公民等新概念和新理论逐步纳入社会责任范畴之内，并且不断地获得扩展和理论综合。至此，就经济学意义上看，现代社会责任的理论内涵已经超越了伦理范畴，进入了经济层面。

当理论界，从经济学研究视角关注社会责任问题，企业创新问题就自然进入其研究视域，并开始关注企业社会责任如何从企业内部和企业外部两个方面促进企业创新的问题（Nidumolu 等，2009）。

就外部环境方面，一些学者认为企业的社会责任的履行能够帮助企业获得良好的社会资本网络，增加消费者的信任和忠诚度，塑造企业良好的形象提升企业的声誉，降低企业的融资约束，为企业获得创新所需的外部稀缺资源创造了有利的外部条件，从而促进了企业的创新（Lettl，2007；沈占波和赵永新，2008；龚晨和毕克新，2018）。一些学者从利益相关者理论出发，提出企业良好的社会责任履行情况可以帮助企业与利益相关者建立密切而长期的联系，或者发现新的市场机遇，促进组织外部知识引入（Rachel，2017；Poussing，2013；Wagner，2010），从而有助于企业从外部获取创新、产品、服务等方面所需要的信息和资源（Cassiman 和 Veugelers，2006；彭正龙和王海花，2010；Luo 和 Du，2015；罗津和贾兴平，2017）。一些学者主张，企业的社会责任的提高有助于企业同上下游如企业的客户、员工、合作企业以及竞争企业的共同发展，建立起与政府部门的良好关系，这些都将为企业的创新提供良好的社会环境（Luetkenhorst，2004；陈莞等，2017；Militaru，2015；曾萍等，2016；张敬明，2018；张新等，2019）。一些学者指出企业社会责任履行会增加企业的研发投入，提供了高质量的产品，满足企业利益相关者的需求，从而促进企业的创新（McWilliams 和 Siegel，2001；Luo 和 Du，2015）。此外，还有一些学者强调企业社会责任从非沉淀性冗余资源、政治关系和环境宽松性、民族多样性、企业性质、货币资本、人力资本、吸引高质量高素质具有创造力的员工和社会资本等方

面会对企业创新产生调节作用（Turban 和 Greening，1997；Bocquet
等，2019；周璐和王前锋，2013；季桓永等，2019；白旻和王仁祥，2020；丁
焰和金永生，2020）。

在这些研究中还有一个研究视角就是企业关于社会责任信息的自
我披露在解决企业创新融资约束方面的重要作用，这一研究中较为深
入的理论探讨并不多见，其研究层面大多是实证分析，但是，也为我们
深入的理论研究提供了理论基础。

就理论层面来看，在社会责任的理论探索过程中，随着社会责任的
内涵与外延的逐步扩大，随着社会责任由伦理和法律层面向经济学层
面的不断升级，企业创新已经成为企业社会责任的一个内生变量。如
和讯企业社会责任指标体系中，创新是社会责任指标体系中关于股东
社会责任的一项重要指标，主要包含产品开发支出、设计创新支出、技
术创新项目数。[①]由于社会责任指标体系是一个系统，各个指标相互之
间都有密切的关联性，企业创新指标与其他指标也会发生相互联系，相
互影响。因此，企业社会责任信息完全可以反映企业创新的策略控制，
组织整合和财务承诺等三大方面的情况和程度，企业通过自我披露的
社会责任信息，就具有一定的真实性和可靠性。

就信息披露平台来看，企业创新信息可以通过多种渠道来进行传
递，如企业自我宣传式信息披露，这是一种极其自我评价性的信息披露，
总会有"王婆卖瓜"之嫌；如企业文化展示式的信息披露，这是一种包含
企业理想化和未来性因素的信息传递，因此，现实性较低。一种是关于
企业单项指标的信息披露，如企业的社会赞助行为、企业业绩和改革措
施、企业内部利益关系和外部利益关系的协调性等指标，由于这些指标
的单一性，缺乏整体性，因此，这些单方面的信息披露也无法反映企业

———————————
① 参见和讯网上市公司社会责任报告专业评测。

的综合情况。而企业社会责任指标体系则不同:第一,它是一种较为综合性的指标体系,如润灵环球社会责任评级体系是从 Macrocosm—整体性、Content—内容性、Technique—技术性、Industry—行业性四个零级指标出发,分别设立一级指标和二级指标对报告进行全面评价,主要设置了包括"战略""治理""利益相关方""经济绩效""劳工与人权""公平运营""环境""消费者""社区参与及发展"等 15 个一级指标,63 个二级指标(不包含行业性指标)①,可以较为全面反映企业经营的综合信息指标。第二,企业社会责任是一种较为客观的指标体系,一是它属于企业自我信息披露,具有一定的信息自在性,如和讯关于上市公司社会责任报告专业评测体系数据主要来源于上交所和深交所企业通过官网发布的社会责任报告及年报②;二是政府会对其进行监督,对于重要行业会有强制性的要求;三是数据机构对其会进行再整理、甄别和完善,因此,这些指标体系虽然基于企业自我披露,但是,真实性和可信度较强。第三,社会责任信息披露平台化以后,也为获取这类信息提供了方便,特别是在大数据时代,信息获取的即时性、快捷性、稳定性都是超前的。

因此,用社会责任指标体系来反映企业创新的状况,银行和政府以及股权投资者根据企业自我披露的社会责任信息来选择融资和资助的对象就具有较高的效率性。而股票市场的投资者根据企业社会责任指标的自我披露来选择股票也会影响企业直接融资的效率。

但是,在大数据时代,虽然企业社会责任指标的披露具有一定优点,也具有一定的局限性,即无论社会责任指标体系如何具有一定的真实性和客观性,作为企业的一种自我信息披露总会具有一定的主观倾向性和目的性,信息的偏重性和技术上的选择性都是难以避免,仍然会

---

① 参见"润灵环球"社会责任报告评级数据库。

② 参见和讯网上市公司社会责任报告专业评测。

存在信息的不对称性。诸如，一些学者提出，"良好"社会责任行为表现的企业也并不一定来自真实的社会责任资源要素投入，而是向那些能够评价企业社会责任绩效的公共权力主体或非公共权力主体寻求经济租金，通过利益交换获取虚假的履责绩效，以骗取投资者的信任(肖红军和阳镇，2018；刘柏等，2018)。一些研究指出，业绩较差的公司在企业社会责任报告中开展印象管理的程度较大(黄艺翔和姚铮，2016)，而伪社会责任行为成为企业社会责任实践中的普遍现象(Groening 和 Kanuri，2013)，实施伪社会责任行为可规避承担社会责任的成本(Fassin，2005)。

由此可见，企业关于社会责任的自我信息披露具有一定的单一性和偏重性问题：一方面其披露对象单一，仅限于上市公司，覆盖性较差；另一方面企业社会责任指标由专业机构平台评估之后做出，其专业性导致普通受众面过于狭窄，社会性较差；此外专业平台还存在数量过于稀少的问题(权威平台仅为和讯和润灵)，会进一步降低企业社会责任信息披露的社会性。因此，企业创新的投资者和资助者往往不会依据单一的企业自我信息披露就做出选择，可能会从不同方位来考察企业的发展状况，做出综合评估，其中一个重要视角就是媒体关注这一社会视角。

三、 媒体关注与企业社会责任双重信息披露对企业融资环境的作用机理

（一）双重信息披露对企业融资环境改善的一般作用逻辑

在解决企业创新的融资约束条件时，无论是企业自我信息披露，还是媒体关注的社会信息披露，其实质都是为了解决创新企业与银行、政府和投资者之间的信息不对称方面的问题。

对银行而言，虽然其作为重要的金融中介，更容易以较低的成本收

集和分析企业创新信息(Dewatripont 和 Tirole，2012)，使企业研发投入有显著提升(David 等，2008)，继而提升了企业的创新水平(Ayyagari 等，2011)。但是，此间成功的案例更多是银企间的关系型融资，即银行对企业的创新行为已经有了一定了解，进而成功建立了能为企业提供更低融资成本和更多资金的紧密融资关系。而对于尚未与之合作过的企业的非关系型融资，尽管由于银行间竞争的加剧，非关系型融资的供给虽然已有了显著提升，但无论是从绝对数量还是融资收益，都远不及关系型融资。究其根本原因依然是信息问题，较之关系型融资企业信息收集的沉没成本，非关系型融资企业需要银行付出信息收集成本更多。

对政府而言，政府通过补贴、专项资金投资、税收优惠和政府采购等一系列举措会改善企业创新的外部资金环境。如政府一方面能直接补充企业自身创新的资金短缺(Tether，2002；Busom，2000；Hamberg，1966)，另一方面通过传递创新企业投资利好和政府认可信号间接地帮助企业获得创新资金。然而，政府资助也存在针对性不够准确的问题，如有时会促进"远离市场"企业的创新投资，降低"接近市场"企业的创新预算(Clausen，2009)，国有或人事任免权为政府所掌握的企业更容易获取政府资助(李明等，2016)，以及持续性不足等问题，从而导致政府资助的效率不高。所以，加强政府对创新型企业资助的针对性和持续性，同样需要更多企业相关信息的支撑。

对股票市场的投资者而言，获取有效的企业信息是其投资选择的基本根据。一方面，企业有效的信息披露能够缓解投资者的信息不对称，减少投资者的搜寻成本，提高投资效率。企业信息披露程度高，可以降低投资者对公司特有信息估计的偏差(Barry 和 Brown，1985)，提高其投资效率。充分而及时的信息披露能够抑制 IPO 抑价，增强股票资产的流动性(姚颐和赵敏，2016)，并通过降低道德风险、缓解逆向选择以及有效发挥资本市场功能等机制(Bushman 和 Smith, 2001)有效保护股票投资者。另一方面,有效的企业信息对应的是高质量的企业,即企业内部控制资源充裕、快速成长、设有内审部门,并且更愿意披露内部控制鉴证报告。因此企业愿意披露有效信息通常意味该企业内部发展健康,这一披露行为可以增加投资者的投资信心(林斌和饶静,2009)。

然而,有效的企业信息也可能是公司管理层或者内部人员出于特定目的延迟信息披露或者误导性披露,比如通过延迟信息披露扭曲内部人交易日至信息披露日之间的公司股票价格,从而影响了股票定价效率(曾庆生,2010)。此外非财务信息由于不受监管和审计,也可能会被管理者出于特定目的而进行歪曲,并向投资人进行误导性传达(许文瀚和朱朝晖,2019)。因此,为了获取有效的企业信息,股票投资者更加全面而谨慎地进行信息收集和解读。

为此,信息不对称问题一直是经济学研究的重要问题,也是约束现实经济活动的重要因素,被誉为是经济学界长期以来探索的重点与难点。即便是在信息技术高度发达的今天,信息不均衡和不对称依然困扰着各个层级的投资者并客观造成了企业创新的融资约束困境。自信息技术革命以来,有两大因素对于解决信息不对称问题具有重要影响作用,一是大数据的出现,二是数字媒体的出现,当然两者也是相互联系。所谓的大数据(Big Data、Mega Data)也称为巨量资料,根据维克托·迈尔·舍恩伯格(Viktor Mayer Schönberger)及肯尼斯·库克耶(Kenneth Cukier)在《大数据时代》中的定义是指不用随机分析法(抽样调查)这样的捷径,而采用所有数据进行分析处理。具有 5V 特点:大量(Volume)、高速(Velocity)、多样(Variety)、价值密度(Value)、真实性(Veracity)。

在这样的背景下探讨企业创新外部环境中融资约束中的信息不对

称,就有两个关键问题需要我们做出回答,一个问题是在大数据时代是否已经解决了信息不对称问题? 一个问题是单一的企业信息披露,如企业关于社会责任指标的单一信息自我披露,或者媒体关注的社会信息曝光是否可以解决信息不对称问题,从而提升企业创新的融资约束改善条件问题。

理论界普遍认为,我们已经进入了"一种更高级、可持续的经济形态",即数字经济时代。①而这种经济特征是"以使用数字化的知识和信息作为关键生产要素、以现代信息网络作为重要载体、以信息通信技术的有效使用作为效率提升和经济结构优化的重要推动力的一系列经济活动"②。所以,一些学者认为,在数字经济时代,大数据使得信息获取更便捷,能够极大地缓解信息不对称问题,并大幅度降低了信息获取与处理的成本(苏汝劼和特木钦,2018;阳镇和陈劲,2020)。同时,区块链、人工智能等技术为解决信息不对称问题提供了强有力的支撑(杨宇和胡迪,2020;焦成焕和李真莹,2020),更为重要的是互联网金融的发展,大数据被广泛应用于信息处理(体现为各种算法,自动、高速、网络化运算),提高了风险定价和风险管理效率(谢平等,2015),有利于打破数据孤岛,实现各方数据的优势互补(何飞和张兵,2016),并在一定程度上消除了信息的不对称性(刘满凤和赵珑,2019)。

当然,理论界也有很多研究证明,即便是大数据时代,信息不对称问题依旧是客观存在的。

一方面,由于大数据时代数据量大、结构复杂,加剧信息共享的难度,影响数据质量的有效性、真实性,由此仍然会产生信息不对称问题(魏益华等,2019;高霏霏,2019;周茂森和张庆宇,2020)。另一方面,互联网平台的性质妨碍了信息的传播与交流,形成数据垄断,导致"数据

---

① 参见中国信息通信研究院:《中国数字经济发展白皮书 2017》,2017 年 7 月。

② http://www.cac.gov.cn/2016-09/29/c_1119648520.htm.

孤岛"现象，进一步加剧了信息不对称问题（王作功等，2019；钟伟，2020；吴立兰，2020）。

　　毋庸置疑，在数字经济时代，大数据和数字媒体在一定程度上会解决信息不完全和信息传递方面的困难，从而改善了信息不对称方面的一些问题，但是，并不意味着就可以解决经济学中的一切问题。著名经济学家路德维希·冯·米塞斯（Ludwing Heinrich Edler von Mises）曾提醒："就今日言，有很多人忙碌于资料之无益累积，以致对问题之说明与解决，丧失了其对特殊的经济意义的了解。"这就是告诉我们，大数据在经济发展中的巨大意义并不代表其能取代一切现实经济的运动规律，理论的探讨也不能被湮没在海量数据中。大数据是以多元形式，许多来源搜集而来的庞大数据组，它存在的意义并不在于庞大，而是要从海量数据中"提纯"出有用的信息，这才是大数据的价值。所以，人们将大数据比喻为蕴藏能量的煤矿，其挖掘成本比数量更为重要，为此，大数据并不在于"大"，而是在于"有用"。由于信息海量和结构的复杂性，会存在数据选择和筛选方面的难题，从而形成新的信息不对称方面的问题。因此，在大数据背景下，如何利用这些大规模数据就成为赢得竞争的关键。以此类推，在企业创新过程中如何解决信息不对称对于融资的约束，仍然是企业创新的重要外部环境问题，并且其解决的途径也会发生变化。由于大数据技术和数字媒体技术的进步，创新企业融资约束中信息不对称问题的解决途径将是多元的、全方位的，不仅要考虑创新企业自我信息披露，也要注重媒体的社会信息披露，这会将信息披露的主观性和客观性融合起来，为企业融资的有效性和高效率提供充分的信息条件。因此，双重信息披露是通过解决信息不对称问题对于企业创新融资约束发生作用。

　　这是因为，解决信息不对称的基本路径就是要保证其信息的完全性、真实性、及时性，在数字经济背景下，双重信息披露在一定程度上就具备了这样的机制。

第一，在数字经济条件下，双重信息披露增强了信息的完全性，有利于企业创新融资环境的改变。信息的完全性在于，信息是一个集合束，信息由发出点到终点不是一条线，而是要经过一个信息域，在这里信息集就是各类信息的集合，所以，在解决信息不对称的问题上，少量的信息或者单元的信息都是无法满足信息的完全性。因此，企业创新在解决融资约束问题上的信息不对称问题，不能依靠单一信息披露就可以保证其信息的完整性，而是需要多维度的信息组合披露才可能使得信息具有一定的完整性。当然，现实生活中，信息的完全性很难实现，但是，在数字经济不断发展的背景下，大数据和数字媒体广泛使用和推广的条件下，信息的数字化进阶将会提升双重信息披露的完全性。所以，我们在上述分析中，考虑了企业信息自我披露和媒体关注的公开披露，就是试图数字经济背景下，从两个维度来保证信息披露的相对完整性，创新企业的自我信息披露具有主观性、微观性、知情性，媒体关注信息的公开披露则具有社会性、客观性和外在性。显然，加之数字经济的技术帮助，这两个维度的信息披露具有互补性，在一定程度上使得信息具有相对的完全性。

第二，在数字经济条件下，双重信息披露增强了信息的真实性，有利于企业创新融资环境的改善。信息的真实性在于，你所传递的信息必须是可靠的，不能是虚假或者片面的，否则就会出现道德祸害和信息陷阱方面的问题。企业创新在解决融资约束问题上的信息不对称问题，既要考虑企业自我披露，又要考虑媒体关注的公开披露两个方面的信息，就是因为单一方面信息总会有其片面性和局限性，如企业总会着眼于自己的优势，想方设法藏拙，而媒体总会挖空心思来曝光，吸引受众的眼球。如果银行、政府和投资者在对于创新企业进行贷款、资助和投资时，能将两个方面信息综合起来时，所获得的信息就会具有一定的真实性，尤其在大数据和数字媒体时代，信息会更透明，可靠性会更强，也就更具有真实性。

第三，在数字经济条件下，双重信息披露增强了信息的及时性，有利于企业创新融资环境的调整。信息的及时性在于，信息的需求者可以随时随地获得所需要的信息。互联网技术的出现为信息的传递在时间上和空间上给予了极大的延伸，但是，无论如何互联网也仅是信息传递的载体，信息的及时性不仅取决于信息传递的载体，还要受信息能否及时发布和披露的影响。在解决企业创新过程中融资约束问题时，企业状况信息的及时披露对于改善企业创新融资约束具有重要作用。而企业通过社会责任指标平台和媒体通过数字媒体载体及时披露企业的信息将会提升银行、政府和投资者的融资效率，进而保证企业创新的资金支持，促进企业可持续的创新发展。当然，在数字经济不断发展的背景下，数字技术为双重信息披露的及时性注入了时间和空间的技术保障。

可见，企业创新过程中，全方位的信息披露是解决融资约束过程中信息不对称的基本条件，而我们选择企业自我社会责任信息披露和媒体关注信息的公开披露双重视角来考察企业创新融资约束的解决问题，就可以更加全面而不是单一来探讨其信息不对称问题，有利于创新企业更好地解决其融资约束障碍。

（二）双重信息披露对企业融资环境改善的协同作用

所谓的协同性是指事物发展过程中各个要素在整体发展运行过程中协调与合作的性质。企业创新的信息具有复杂化、多元化和综合性特征，这些信息要素之间必然也会发生协同作用，即相互影响、相互合作，共同作用于事物对象。

从合作角度来分析这些信息作用协同性的前提就是它们相互之间可能会具有互补性，也表明单一或独立的信息会具有一定的缺失性。

通过上述理论分析,可以获得,从双重视角来研究企业创新融资约束的信息不对称问题,实际就是看到了企业自我信息披露和媒体社会关注信息披露各自具有一定的优处,但也都存在局限性。如企业社会责任信息的自我披露,存在主观性和偏重性的特点,其单一的信息披露就很难获得投资方和资助方的信任。媒体关注的社会信息披露,由于存在负面信息曝光较多,存在一定的负拟态环境问题,也无法全面反映创新企业的真实状况。将两者结合起来考虑企业创新融资约束问题,可以弥补相互之间存在的局限性,形成较为完全的信息链。在这个作用过程中,离不开它们之间的协同作用。首先,企业自我信息披露的主观性和媒体社会关注的客观性可以互补,形成协同力;其次,企业社会责任信息传递扩散的正拟态效应和媒体社会关注的负面信息曝光的负拟态效应可以互纠,发生协同影响;最后,企业社会责任自我信息披露的企业偏好性和媒体信息曝光的社会效应偏好性可以互拼,产生协同作用。总之,双重信息披露会形成一个较为全息的企业创新状况,便于企业创新融资过程中各个投资和资金资助主体进行正确判断和科学选择,有利于企业获得及时和足量的创新资金支持。

由于企业信息的双重披露对于解决融资约束的协同性,从而产生的效应就不仅仅是"1+1=2",而应是"1+1>2"的协同效应。

首先,如果将企业社会责任自我披露的信息和媒体社会关注披露的信息结合起来考察企业创新融资约束问题,企业创新的信息属性会相互增强。即企业社会责任信息披露的信息效应和媒体社会关注信息披露效应都会高于单一披露时的效应,表现为它们的信息披露会更全面,更立体,更及时。因此,当它们作用于企业创新的融资约束过程中,就会形成巨大的推动力,进而改善企业创新融资环境。

其次,如果将企业社会责任自我披露的信息和媒体社会关注披露的信息结合起来考察企业创新融资约束问题,企业创新的信息会形成动态效应。企业自我披露信息和媒体社会关注信息披露各自之间的协调、协作会形成拉动效应，即企业自我信息披露的真实性会推动媒体关注的社会信息披露的真实性，因为社会责任指标体系就是媒体关注的一个信息源，而媒体关注的信息披露也是企业社会责任改善和履行的催化剂。因此，媒体关注和企业社会责任双重信息披露会相互影响，在作用的过程中使得它们的整体作用效应加强，呈现动态性。

最后，在数字媒体和数字技术条件下，如果将企业社会责任自我披露的信息和媒体社会关注披露的信息结合起来考察企业创新融资约束问题，企业创新的信息会发生加速度效应。这是因为，在数字媒体和数字技术条件下，双重信息披露在信息的空间和时间上都会发生延伸和扩展，它们在解决企业融资信息不对称问题的作用力较之传统媒体条件下和数据相对贫乏及没有互联网平台的时期会更大，其传递的速度和维度也将更快更广。

依据上述理论分析，总结出了双重信息披露缓解企业融资约束并最终促进企业创新的作用路径(如图 2-2)。

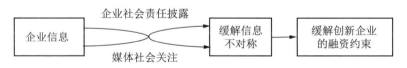

图 2-2　双重信息披露缓解企业融资约束的作用路径

（三）双重信息披露对企业融资影响的实证分析

以上将媒体关注和企业社会责任纳入在一个层面上，从信息的完备性、真实性和时效性三个方面细致地探讨了媒体关注和企业社会责任双重信息披露对于创新企业融资约束改善的影响作用。为了更好地检验它们之间的逻辑关系，我们曾经利用 2010—2018 年沪深两市 A 股上市企业作为研究样本对此进行了实证分析(李韵等，2021)，其实证结果表明：

首先，就从直接效应来看，单独的企业社会责任或者媒体关注的信息披露方式，对于企业融资约束具有一定的正效应，但是，不能完全改善其负面效应。

从企业社会责任信息披露方面来看，企业社会责任信息披露与企业融资约束之间的基准回归中 L.Disc 的系数为－0.014，在 1% 的水平上显著为负，表明披露社会责任信息的企业与未披露社会责任信息的企业相比，其下一年的融资约束条件会有所降低。然而，在回归结果中 L.Score 的系数则并不显著，表明在披露社会责任信息的企业中，仍然存在信息披露并不能完全缓解企业融资约束问题。这是因为企业社会责任信息披露的多维性降低了企业内部和外界的信息不对称，有效地缓解了融资约束，但由于"伪社会责任"信息的存在，信息披露质量指标高低的"信号作用"较为有限，使其无法表现出明显的缓解效应。

从媒体关注方面看，媒体关注的信息披露与企业融资约束之间的回归结果中 L.Media 的系数均显著为负，表明媒体关注的增加能够缓解企业融资约束问题，这证明当下我国媒体对于经济活动的影响作用在不断增强。

其次，从交互效应来看，媒体关注与企业社会责任双重信息披露之间存在显著的协同效应。

企业社会责任信息披露与媒体关注之间对于融资约束的交互效应的回归结果显示，L.(Media * Disc) 和 L.(Media * Score) 的系数分别为－0.006 和－0.034，且均在 1% 的显著性水平显著，说明在缓解企业融资约束上，媒体关注和企业社会责任披露二者之间具有协同效应，而非替代效应。在实证结果还可以发现：一是当媒体关注数较少时，企业无论是披露社会责任信息还是提高社会责任信息披露质量均无法对融资约束产生显著的抑制作用，甚至会出现反向作用，但随着媒体关注的增加,企业社会责任信息的披露对融资约束缓解作用会越来越显著;二是未披露企业社会责任信息的企业,其媒体关注对融资约束的平均边际效应为-0.002,而在披露企业社会责任的企业中,媒体关注对融资约束的平均边际效应为-0.008,约是前者的4倍;三是媒体关注对于融资约束的缓解作用会随着企业社会责任质量的提升不断提高。以上结论既证实了双重信息披露之间的协同效应,也反映出企业社会责任信息单一披露对于缓解创新企业融资约束的不足。

考虑内生性问题以及指标敏感性等一系列稳健性检验后,上述结论仍然成立。进一步实证分析发现,媒体关注能够显著地降低"企业伪社会责任"行为,进而佐证了双重信息披露的协同性。而双重信息披露对于创新企业融资约束的协同效应在民营企业和制度优良的地区中更为显著。

基于上述理论与实证分析,为缓解创新企业融资约束以及加快建设创新型国家提供了三方面政策启发:

第一,从企业的角度来看,要进一步提升企业社会责任信息披露的主动性和质量水平。当下我国企业自愿披露社会责任信息的企业占比仍很低,且已披露的企业社会责任信息无论是从内容和质量上均不足,故企业应强化自身企业社会责任意识,主动进行信息披露并提高信息披露的真实性。同时,企业应当重视外在媒体关注和内在社会责任信息披露的协同作用,在当下企业非财务信息披露成本高、收益低的环境下,企业要注意避免对媒体曝光的抵触,主动加强与媒体的信息交流与合作,以使得媒体能够更多关注和传播同企业价值发展相关的核心信息和原创信息。

第二,从媒体的角度来看,要加强管理"媒体关注"的放大性和拟态性。媒体应当充分承担起外部监督的作用,敢于曝光和谴责企业违反法律法规和伦理道德的事件,帮助全社会构建良好的舆论氛围以督促企业更为公正合理地进行社会责任信息披露。此外,媒体报道的内容也需要真实全面,应恪守职业操守,本着客观、公正、不偏不倚的态度记录事件,保证新闻素材的可靠性与真实性,减少通过夸张、失真化及虚假的报道来迎合读者需求的动机,以致形成"负拟态效应"。

第三,从政府的角度来看,要注重监督信息披露中"虚假"问题。由于双重信息披露的有效性是建立在客观真实的信息基础之上,故我国市场监管者在积极支持媒体发展和鼓励企业社会责任信息披露的同时,须贯彻落实"依法治国"的理念,加强对媒体新闻报道的公信力以及企业披露的信息扭曲现象的监督,以确保企业信息来源的真实性和可靠性。同时,政府应将双重信息披露纳入企业综合评价体系之中,建立以产出和成果为导向的科学评价机制,逐步消除目前我国对于民营企业的融资壁垒。

第三章

中观视角：数字媒体对数字经济背景下房地产市场影响作用的研究

一、 数字媒体对房地产市场影响作用的理论探讨

从历史来看，传播与人类社会的生产活动相伴而生，相互作用、相互影响。负载着各类信息的媒介工具可以帮助人类征服和改造自然，促进人类发展与社会进步。正基于此，传媒理论一直围绕着传媒对社会究竟有什么作用而展开，也就是说整个传媒理论发展的历史就是围绕传媒如何对社会包括经济起作用而展开的，如传媒的经典理论就是聚焦在传媒的社会影响与作用的分析上。

然而，无论传媒理论讨论问题的角度如何不同，研究的目的都是探明传媒如何影响和作用于人类社会的经济、政治以及文化等活动。传媒对于人类经济活动的影响作用则是近年传媒经济学研究的重点。所谓的传媒经

济学就是将传媒作为社会经济活动的重要因素来分析的,在本质上是研究传媒所特有的舆论功能在传媒经济发展中的特殊作用,以及在国民经济中(对国家及个人经济行为)的作用与地位。近几年传媒经济学关于注意力、影响力和舆论力经济的研究,实际上是将传媒作为直接影响要素引入经济活动的分析中来,更具体地把传媒的影响路径归结为三种不同的递进要素。其中,注意力经济是将注意力视为一种资源,以这种资源的生产、分配以及消费为基础,建构了媒体与大众之间复杂的经济关系;影响力经济是由注意力经济衍生而来的,认为媒介的影响力是为了实现某种传播效果,在传递信息时对社会产生作用的力度与广度,涉及媒介的体制、运营、经济效益以及与消费者的互动等方面;舆论力经济是指传媒之所以能产生影响力,实质上是因为传媒有其特殊的"社会舆论公器"属性,从而能操纵议程,形成舆论,影响社会各个层面。

讨论媒体对于经济活动的具体影响作用,房地产则是一个较为典型的行业。因为从某种意义来讲,房地产业既是消费活动,也是投资活动。房地产行业的双重属性来自房屋的双重属性,一方面房屋具有居住属性,当人们出于居住的目的购买房屋,将房屋视作防风避雨、御寒保温的居所时,那么,这种购买行为就属于消费活动;另一方面房屋具有投资属性,当人们出于资产增值的目的购买房屋,将房屋视为能带来升值、租金收益和降低通货膨胀等作用的商品时,那么这种购买行为就属于投资活动。因而,房地产市场也链接消费和投资的平台,而媒体尤其是数字媒体在其中的影响作用及其作用机理也就成为我们关注的焦点。

目前,理论界关于分析媒体与房地产市场之间关系的研究已经有了一些基础,主要集中于以下两个方面。

(一)数字媒体对房地产市场的一般影响作用探讨

首先,就媒体对于房地产市场的运行作用分析。

一些学者认为,媒体关注能够直接对房地产行业产生影响,他们主要聚焦于媒体情绪对房价、销售量和房地产泡沫的作用分析，指出媒体情绪能够显著影响房价、销售量以及房地产泡沫的形成(Soo, 2013; Walker, 2014)。诸如媒体情绪是否激烈(赵伟, 2018)、是否脱离常规水平(Odean, 1998)、乐观还是悲观(Baker 等, 2004; 宋丹丹, 2019)等因素都会使媒体关注对房地产行业的影响作用表现出异质性。

一些学者则是从购房者和开发商的视角出发，研究媒体关注与房地产之间的作用关系。

从购房者的角度来看，一方面，媒体关注能够为购房者提供多样化的信息，尤其是开发商不愿意公布但却对购房者的选择具有重要影响作用的负面信息，这些信息会对房价造成不良的影响，使得购房者倾向于储蓄而非购房，从而弥补因房价下降造成的损失(McCollough 和 Karani, 2014)。国内学者运用中国的房地产数据也得出了类似结论，他们发现污染、噪声、有毒物质排放等信息的公开会导致周边房价和居民支付意愿的降低(蒙莉娜等, 2024; 周梦天和王之, 2018; 雷泽珩, 2018; Pope, 2008; Mastromonaco, 2015)。另一方面，媒体关注能够影响购房者的预期与投机行为，从而对房价波动、房地产泡沫产生显著影响(况伟大, 2010; 高波等, 2014)。除了上一期房价、政府政策、房地产地理位置、城市人口结构等经济基本面能够对预期产生影响外，现有研究表明媒体报道也是影响预期的重要途径，然而这些研究大多聚焦于通货膨胀的预期(张成思和芦哲, 2014; 赵林海和刘兴宗, 2016; 郑挺国等, 2023)，只有部分学者关注到媒体对于房地产行业预期的影响作用，他们指出媒体关注可以通过影响预期来影响房价波动，并且这种影响作用也会随城市发达程度、媒体覆盖范围等因素而存在差异(赵伟, 2018; 况伟大等, 2020)。在此基础上，田敏和钟春平(2020)进一步对媒体关注与居民房价预期异质性的内在关联进行研究，表明媒体关注并没有使社会产生一致的房价预期，这种异质性受新闻报道的频率和市场整体情绪等因素的影响。

从开发商的角度来看,媒体关注能够影响房地产企业的经营状况。具体而言,房地产企业既可以借助媒体进行宣传直接推动企业绩效的提升(熊维维,2023),也可以通过媒体关注影响自身的融资成本进而影响企业经营(李照丹,2020)。

其次,从一般市场视角研究媒体对市场的影响。

一是关于市场效率的影响研究。Marion(2002)研究了不同媒体报道量的企业之间的不同表现,发现下属分公司和雇员数量都会影响媒体对该公司的报道量,公司盈利能力与正面新闻数量有正相关关系。李国平(2008)发现,大部分的公开信息和私有信息都是通过媒体传播的,有效的媒体关注能使信息迅速传播,并反映在资产价格中,实现资源的有效配置进而促进资本市场的发展。Bushee(2010)认为媒体覆盖面越大越有利于信息的迅速传播,降低资本市场上的信息不对称。高雅(2012)讨论了媒体影响股票回报的基本思路,提出从投资者保护的正向效应和充足的信息量导致资产高价格的负向效应两个方面来研究媒体对股票回报的影响。

二是关于市场参与者行为的影响研究,这一研究主要集中在对投资者行为的分析。诸如罗伯特·席勒(2000)在《非理性繁荣》这本书中描述了投资者在市场中的行为,他认为在股市上涨或下跌过程中,媒体起着推波助澜的作用。新闻媒体对投资者信心和预期的形成有着十分重要的作用,在认知偏差的驱动下,形成投资者对好消息和坏消息的"过度反应"。Odean和Barbe(2008)则从投资者如何分配注意力的角度揭示了媒体的作用,认为投资者的买卖行为通常会被注意力所影响。具体而言,重要的新闻通常能够导致收益率发生显著变化,这种变化会影响投资者的注意力,从而影响投资者的行为。Hong和Hubik(2008)发现投资者容易受周围人的影响,基金经理更愿意和周围其他经理人买卖同样的股票，造成本地偏见，即投资者局限于购买熟悉的上市公司股票。杨继东(2007)梳理了媒体影响资产价格的文献，思考了媒体对投资者行为的影响，进而对资产价格的影响，讨论了媒体影响投资者行为的基本思路，认为媒体基于自身利益过滤、包装和发布信息，通过改变投资者的参与程度和预期收益等影响资产价格。另外，也有学者研究了媒体对管理者的影响。Louis(2009)等人通过研究媒体关注对董事会的影响发现，当媒体揭露效率低下的董事会名单后，公司会采取积极的措施改进董事会效率。

三是关于证券市场的影响研究。例如 Meschke(2002)以 CNBC 对 6937 位公司 CEO 的采访为研究对象，探讨了媒体报道是否能够系统地影响公司股价，发现媒体对 CEO 的采访会引起投资者对公司的注意，造成明显的买入压力，并最终影响股票价格。Chan(2003)研究了经报道过的公司股票回报率的问题，用含有公司新闻标题作为有无股票新闻的代理变量，研究发现过去新闻有很强的价格漂移，说明投资者对信息的反应通常是滞后的，尤其是对负面新闻的反应，而正面新闻的价格异动则会引起反转。Fand 和 Peress(2009)研究了美国股市存在的媒体效应，不仅媒体关注度低的股票回报率要高于媒体关注度高的股票，而且媒体新闻传播的幅度也会影响股票的收益。Tetlock(2007)量化研究了媒体与股票市场的交互作用，发现当基本面反转下行时，媒体的悲观程度越高，就预示着市场价格下行的压力越大，而不正常的悲观情绪往往伴随着市场交易量的上升。Pollock(2003)认为媒体提供的信息会影响投资者对新上市公司的看法，媒体提供的信息量与发行抑价存在着反向递减的关系，与股票第一天交易的换手率有着正向递减的关系，并最终影响 IPO 的合规性和投资者的行为。

（二）数字媒体对房地产市场的特殊影响作用探讨

首先，媒体对于房地产市场的特殊作用。这一研究主要集中在两个方面。一方面是媒体对房地产价格的研究。Sun 等(2014)将媒体观点和人们搜索信息的方式相结合,通过建立网站内容与网上搜索方式的整合模型对房地产价格进行预测,以此研究新媒体对市场预期的作用。Mercille(2014)调查了爱尔兰主流媒体对 2007 年房地产泡沫破裂和经济金融危机的报道,发现主流媒体报道对预测泡沫破裂和金融危机没有什么作用。Walker(2014)研究了新闻媒体与英国房地产价格暴增之间的关系,发现新闻媒体报道会对房价造成影响,但是媒体并不会推动房屋价格的暴涨。另一方面是媒体对房地产交易决策的研究。如 Anglin(1997)研究了房地产交易中的买家策略,发现大众传媒的传播作用能够降低房屋购买者在选择房屋时的成本和时间,并从实证结果中可以看出报纸、电视新闻等媒体的使用显著提高了市场交易的效率,降低了交易成本。李静(2012)认为随着媒体技术的发展,房地产公司也在运用新媒体进行营销,以抢占更多的市场份额。赵曙光(2005)根据结构—行为—绩效的分析模式,评估了 2004 年北京几家日报广告的行业集中度,分析房地产对报纸施加的压力,以及报纸的新闻和言论偏离公众利益的程度,发现报纸的新闻和观点不可避免地受广告结构等商业力量的制约。

其次,数字媒体视角对于房地产市场的特殊作用探讨。随着数字技术的出现和普及,媒体已经区别于传统媒体,发生数字化的变化,为此,数字媒体对房地产市场也产生了深远影响,改变了资本积累、劳动投入、技术进步、制度变迁及市场等因素对房地产业的作用效果(杨继瑞,2003)。具体来看,一方面,在数字媒体下,房地产行业中消费者需求的重要性不断提升,房地产营销由"媒介导向"转变为"受众导向",对于销售信息的精准性要求更高,以满足消费者的多样化需求(陈碧晴,2017;Aytekin 等,2017;曹诗雨,2019)。另一方面,越来越多的消费者将数字媒体作为获得房地产信息的主要渠道,这种获取信息的方式能够降低消费者的交易成本(Zumpano 和 Kari，2003；Rutherford，2007)。并且,数字媒体除了能够像传统媒体为消费者提供商品房的基本信息外,同时也能够为消费者比价提供便捷条件和大量信息,由此减少市场中的信息不对称,提升市场配置效率(Koch 和 Maier，2015；Sakalauskas 和 Ibeh，2015；Green 和 Vandell，2000)。数字技术作为媒体载体不仅能够对当下的房地产交易产生影响,同时也能够对人们对未来房地产业的发展预期进而影响房地产价格(Sun 等,2014)。

总之,理论界认为,随着数字技术运用程度的加深,相较于传统媒体,数字媒体的应用和影响范围更广,学者们也开始关注数字媒体对房地产发展的影响作用,提出可以将数字媒体应用到房地产营销过程中(窦方和张文娟,2015；李维胜和黄容,2019；董瑞,2021),但同时也要注意可能出现的数字媒体传播快、范围广、交互性强等特点可能导致的网络舆情对房地产企业发展的负面影响(田亚鹏,2020；冯浩,2019)。

以上文献梳理可见,学界关于媒体与房地产之间的理论逻辑和现实逻辑的研究已经有了一定的进展,这也是本研究的出发点。然而,这些研究仍存在两方面有待继续探讨的空间,一方面是尚未对媒体与房地产之间的相互关系作出理论阐述,这是将两者联系起来的前提条件,另一方面是缺乏将媒体对于房地产市场的作用机理和实践逻辑进行充分的阐释和实证分析。为此,本研究将从这两个方面展开探讨。

二、 数字媒体对房地产市场影响作用的理论逻辑

本节突破以往的二维市场理论,将媒体引入市场中来,以此构建三维市场理论,进而考察在数字经济的背景下数字媒体与房地产市场之间的理论逻辑。

(一) 数字媒体与三维市场理论

一般意义上的市场是二维的,即价格的形成主要是由需求和供给

来决定的。价格机制是经济主体相互之间联系和传递经济信息的机制,能够使得经济资源得到有效率的配置,即供求达到均衡状态,此时的价格则为均衡价格。这一市场状态实际上是建立在信息完全且对称的假设下的。而现实经济活动对于市场完全信息这一基本假设提出了挑战,完全信息的假定并不符合现实。如信息经济学认为,完全信息市场的前提对经济主体来说是不可能完全做到的,在这种情况下供给和需求不仅不能通过价格反映出来,甚至还会出现供给和需求的逆向选择,这也就意味着市场的低效率,价格永远不能达到均衡状态,市场也不会出清,即市场失灵。这是经济学中存在的难点,虽然近几年信息经济学试图通过一系列的制度创新来解决这一问题,诸如委托代理制度、激励制度、拍卖制度、最优税制等,但是,实践证明这些也无法完全解决上述难题。

如果考虑将媒体因素引入供给与需求的二维市场中,将整个市场看成由三维要素组成的,这样就可能在一定程度上解决市场失灵的问题。

理论界对市场维度存在不同的侧重点与强调力度,则对市场的认知程度也不同。古典经济学家萨伊(Jean-Baptiste Say)强调市场供给,其著名论断就是"供给能够创造其自身的需求"。他认为,商品买卖实际上就是商品交换,买者同时也是卖者,货币只在瞬间发挥作用,因此,商品的供给会为自己创造出需求,总供给与总需求必定是相等的。这就是著名的"萨伊定律"(Say's Law)。在这里,萨伊显然忽略了货币的作用,他的理论实际上只能适用于物物交换的时代。与萨伊不同,凯恩斯(John Maynard Keynes)则侧重于市场需求,他认为市场难以出清的主要原因是有效需求不足,即存在买方市场(Buyer's Market)。所以在需求出现不足(有效需求不足)时,凯恩斯认为政府应当采取措施来刺激需求。然而,凯恩斯与萨伊都没有发现市场难以出清的真正原因。

新古典主义经济学的市场经济理论则是强调二维市场，即主张价格的形成主要是由需求和供给来决定的。为此，马歇尔（Alfred Marshall）提出了所谓的均衡价格理论，即市场需求量和供给量相等时的价格，这时市场是一种出清的状态，供给量和需求量也是均衡数量。当需求曲线或供给曲线的位置移动时，均衡价格水平也都会发生变动。

然而这些所谓的经典理论都没有发现一个重要问题，那就是在信息不完全的情况下，可能出现两种与微观市场理论完全不同的状况：一种是需求的逆向选择，即在不完全信息条件下，供给和需求不再能通过价格反映；一种情况是供给的逆向选择，即当生产者掌握的市场信息不完全时，他们对商品的供给量也可能不随着价格的上升而增加，而是相反，随价格的上升而减少。

如何解决这一问题呢？显然，完善和完全的信息是解决这一问题的关键。当我们将信息加入供给与需求的两维市场中，将整个市场看成三维要素组成的，这样就可能在一定程度上解决市场供求矛盾的问题。但是信息的流动和传递是需要载体的，没有载体的信息是无法流动的信息，无法实现其自身的价值，因此也就毫无意义。而媒体则是市场信息的载体，两者之间是相互融合不可分离的，不存在没有载体的信息，也不存在没有信息的载体。

因此，媒体与信息融合为一体就成为市场的第三种力量，我们将这种力量称为负载信息的媒体，或者简称为媒体，它将影响市场的均衡。引入媒体后的市场均衡价格将受到来自市场的供给、市场的需求与媒体三方面的因素影响。

这样，我们就可以建立一个三维市场的框架，并且假设媒体在一定程度上可以解决信息不完全和不对称的情况。这样，供给者与需求者能够随时随地根据所掌握的媒体传递的信息来调整价格预期，使得预期价格与实际价格之间的差距越来越小。

（二）引入三维市场理论的房地产市场动态模型

在市场经济条件下，市场是不断变化的，即存在一个由均衡到非均衡，再由非均衡到均衡的过程。在这一过程中，根据三维市场理论，我们将媒体尤其是数字媒体作为第三种力量引入动态变化的市场中，可以获得新的认识。以房地产市场为例能够更为清晰地理解三维市场理论。

下面建立引入传媒信息的房地产市场动态变化模型来分析这一问题。考察上述模型的随机形式：

$$d_t = a - \alpha p_t \tag{3.1}$$

$$s_t = -b + \beta p_t^e + \varepsilon_t \tag{3.2}$$

$$p_t^e = p_{t-1}^e + \sigma\eta(p_{t-1} - p_{t-1}^e),\ 0<\eta<1,\ 0<\sigma<1/\eta \tag{3.3}$$

$$d_t = s_t \tag{3.4}$$

其中，α、β、a、b 均为常数，且均大于零。d_t 为第 t 期的需求量，s_t 为第 t 期的供给量。p_t 为第 t 期的价格，p_t^e 为第 t 期的预期价格。(3.3)式为价格的适应性预期方程，η 为价格预期系数，表示上期价格与上期预期价格的偏差被部分地用于调整当期预期价格，而 σ 为 η 的传媒调整系数，表示价格预期系数还受传媒信息影响。(3.4)式为市场出清条件。

在供给方程(3.2)式中引入了随机扰动项 ε_t，正是这一外生冲击使房地产市场体系发生变化。

联立(3.1)—(3.4)式得，价格 p_t 服从以下 ARMA(1, 1)过程：

$$p_t = \lambda_0 + \lambda_1 p_{t-1} + \mu_t + \delta_1 \mu_{t-1} \tag{3.5}$$

其中 $\lambda_0 = (a+b)\sigma\eta/\alpha$，$\lambda_1 = 1 - \sigma\eta - \beta\eta/\alpha$，$\mu_t = -\varepsilon_t/\alpha$，$\delta_1 = \sigma\eta - 1$。

假定 $|\lambda_1|<1$。因为 $0<\sigma\eta<1$，所以 $|\delta_1|<1$。此时 ARMA 模型 (3.5)是稳定的，这保证了房地产市场体系的稳定性，市场会由非均衡状态回到均衡状态。

下面将 ARMA(1, 1)过程转化为 MA(∞)过程：

$$p_t=\frac{\lambda_0}{1-\lambda_1}+\frac{1+\delta_1 L}{1-\lambda_1 L}\mu_t \tag{3.6}$$

其中，L 为滞后算子。将(3.6)式变形得

$$p_t=\frac{\lambda_0}{1-\lambda_1}+\mu_t+\sum_{i=1}^{\infty}\phi_i\mu_{t-i} \tag{3.7}$$

其中 $\phi_i=(\lambda_1+\delta_1)\lambda_1^{i-1}=-\frac{\beta}{\alpha}\sigma\eta\lambda_1^{i-1}$。

令 $\phi_0=1$，则脉冲响应函数为：

$$\frac{\partial p_{t+j}}{\partial \mu_t}=\phi_j,\ j=0,\ 1,\ 2,\ \cdots \tag{3.8}$$

σ 的变化会对脉冲响应函数产生影响，ϕ_j 关于 σ 求偏导得

$$\frac{\partial \phi_j}{\partial \sigma}=\begin{cases}-\dfrac{\beta}{\alpha}\eta, & j=1\\[3mm]\dfrac{\beta}{\alpha}\eta\lambda_1^{i-2}\left[j\left(1+\dfrac{\alpha}{\beta}\right)\sigma\eta-1\right], & j\geq 2\end{cases} \tag{3.9}$$

根据 λ_1 的取值区间，分两种情况讨论：

1. 情形一：$0<\lambda_1<1$

此时

$$\phi_j<0,\ j=1,\ 2,\ \cdots \tag{3.10}$$

由(3.9)式得，当 $j=1$ 时，$\partial\phi_1/\partial\sigma<0$；当 $j\geq 2$ 时，有 $\partial\phi_1/\partial\sigma>0$。根据这一结论，并结合(3.8)—(3.10)式，可以得到对应于不同 σ 值($\sigma_1<\sigma_2$)的 ARMA(1, 1)过程的脉冲响应函数，如图 3-1 所示。

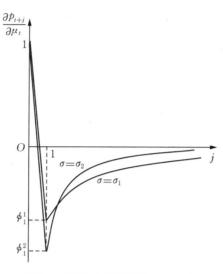

图 3-1　脉冲响应函数($0<\lambda_1<1$)

　　根据图 3-1,当期房地产价格受 1 单位正向冲击时,此后房地产价格的响应为负,其绝对值逐渐衰减至零。当 σ 增大时,下一期房地产价格响应的绝对值增大($|\phi_1^2|>|\phi_1^1|$),且脉冲响应函数绝对值的衰减速度更快。这意味着,当期房地产商品供给量受正向的外生冲击时,当期房地产供给量大于市场出清时的供给量,当期房地产价格立刻下降,房地产市场由均衡转变为非均衡;下一期房地产商品供给者的预期价格下降,供给减少,房地产市场价格上升至均衡价格之上;随着时间的推移,房地产市场价格逐渐减小,趋向于均衡价格,市场由非均衡回到均衡。在此过程中,数字媒体通过改变房地产供给者预期价格的调整幅度来影响外生冲击对房地产市场价格作用力的大小和市场由非均衡回到均衡的快慢。当房地产供给者预期价格的调整幅度变大(σ 变大)时,外生冲击对下一期房地产价格的影响变大,且市场由非均衡回到均衡的速度加快。

　　2. 情形二:$-1<\lambda_1<0$

　　当 i 为偶数时,$\phi_i>0$;当 i 为奇数时,$\phi_i<0$。因此,脉冲响应函数

波动收敛于 0 的。

由 $\lambda_1 < 0$ 得 $\sigma\eta + \beta\sigma\eta/\alpha > 1$，因此

$$j\left(1+\frac{\alpha}{\beta}\right)\sigma\eta - 1 > 0, \ j \geqslant 1 \tag{3.11}$$

结合(3.9)和(3.11)式，当 i 为大于 0 的偶数时，$\partial\phi_i/\partial\sigma > 0$；当 i 为奇数时，$\partial\phi_i/\partial\sigma < 0$。

根据上述分析，可以得到对应于不同 σ 值($\sigma_3 < \sigma_4$)的 ARMA (1，1)过程的脉冲响应函数，如图 3-2 所示。

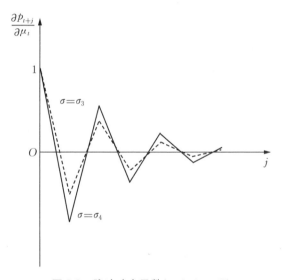

图 3-2　脉冲响应函数($-1 < \lambda_1 < 0$)

根据图 3-2，当期房地产价格受 1 单位正向冲击时，价格的响应围绕零上下波动，其绝对值逐渐衰减至零。当 σ 增大时，各期房地产价格响应的绝对值增大，且脉冲响应函数绝对值的衰减速度更慢。这意味着，当期房地产商品供给量受到正向的外生冲击时，当期房地产供给量大于市场出清时的供给量，当期房地产价格即刻下降，房地产市场由均衡转变为非均衡；下一期房地产商品供给者的预期价格下降，供给减

少,房地产市场价格上升至均衡价格之上;房地产市场价格围绕均衡价格上下波动。随着时间的推移,房地产市场价格的波动逐渐减小,收敛于均衡价格,房地产市场由非均衡回到均衡。在此过程中,如果数字媒体增加了房地产供给者预期价格的调整幅度(σ 变大),那么房地产市场价格的波动幅度会增加,而且房地产市场由非均衡回到均衡的速度放缓。

以上模型和分析都是基于房地产供给者预期的。基于需求者预期,可以得到类似的结论,此处不再赘述。

总之,就数字媒体对房地产动态变化的影响作用来看,媒体尤其是数字媒体会影响房地产市场体系由均衡到非均衡,再由非均衡到均衡的变化速度。当房地产市场偏离均衡后,如果市场价格和预期价格朝着某个方向变化,那么这时媒体提供的信息会使供给者预期价格的调整幅度增加,从而加快市场由非均衡回到均衡状态。如果市场体系偏离均衡后,市场价格围绕均衡价格上下波动,根据前面的分析,传媒会加剧市场波动,因此会放缓市场由非均衡回到均衡状态。考虑传媒信息减小供给者预期的影响系数的情形,会得到相反的结论。

(三) 数字媒体对于房地产市场的作用路径分析

在房地产市场中,媒体尤其是数字媒体会改变政策、自然条件变化等外生冲击对房地产市场的影响力度。当媒体负载的各类房地产信息量增大时,会提升房地产供给者预期的系数,也就是房地产供给者预期价格的调整幅度相对增大,当房地产商品供给和市场价格的变化幅度较大时,房地产市场的价格波动幅度也会加强,反之亦然。就我国房地产市场的发展过程来看,对于房地产市场变化影响较大的是宏观调控的政策因素,这些政策因素一旦通过媒体传递出来就会迅速改变房地产市场价格,使之收敛或者扩散的速度更快。

所以,数字媒体对于房地产市场的影响作用不仅在于改变其价格预期,还会使房地产市场价格变动更快。在我国房地产市场的变化过程中,数字媒体对于房地产价格的影响时滞更小,这点根据经验分析就可以观察到其作用路径。

首先,国家根据实际经济活动情况出台相关的房地产调控政策后,数字媒体就会迅速将这些政策信息传递出来。由于数字媒体传递信息具有实时性、同步性、交互性和反馈式的特征,这也就使相关政策信息的传播速度、范围和有效性都得到大幅度提高,特别是特殊时期,诸如经济不稳定期间其信息量呈现几何级增长式传播。据此,可以用如下函数来表示这一传播过程:

$$sif = r^a \tag{3.12}$$

在式(3.12)中,政策信息量用 r 表示,经过数字媒体作用后所呈现出来的有效信息量用 sif 表示,数字媒体对信息的作用乘数用 α 表示。

其次,房地产的供给者和需求者通过数字媒体获得这些信息后,将会对房地产市场的变化进行分析和判断,计算其可能遭受的损失,分析其可以采取的对策,形成新的预期和判断。据此,我们可以用以下 5 个联立的方程式来表示这一市场状态:

$$d_t = a - \alpha p_t^{1e} + \delta_1 z_t \tag{3.13}$$

$$s_t = -b + \beta p_t^{2e} + \delta_2 z_t \tag{3.14}$$

$$p_t^{1e} = p_{t-1}^{1e} + \sigma \eta_1 (p_{t-1} - p_{t-1}^{1e}),\ 0 < \eta_1 < 1 \tag{3.15}$$

$$p_t^{2e} = p_{t-1}^{2e} + \sigma \eta_2 (p_{t-1} - p_{t-1}^{2e}),\ 0 < \eta_2 < 1 \tag{3.16}$$

$$\Delta p_t = \gamma (d_t - s_t) \tag{3.17}$$

其中 a、b、α、β 和 γ 均为常数,且均大于零。d_t 为第 t 期的需求量,s_t 为第 t 期的供给量,p_t 为第 t 期的价格,p_t^{1e} 为需求者第 t 期的预期价格,p_t^{2e} 为需供给者第 t 期的预期价格。(3.13)和(3.14)式表示,房

地产市场的各个经济主体就会根据他们新的预期来调整其供给和需求行为,而且供求会受到政策冲击 z_t 的影响。(3.15)和(3.16)式分别为供给者和需求者价格的适应性预期方程,$\sigma\eta_i(i=1,2)$ 为价格预期系数 ($0<\sigma<1/\eta_i$),表示上期价格与上期预期价格的偏差被部分地用于调整当期预期价格。(3.17)式表明,供不应求,价格上升;供大于求,价格下降。

联立(3.13)—(3.17)式得

$$p_t=A(L)p_{t-1}+a_0+B(L)z_t \qquad (3.18)$$

其中,$A(L)$ 和 $B(L)$ 均为滞后算子 L 的 2 阶多项式。

$$si\,f \underset{\{z_t\}}{\overset{A(L),\ \alpha_0,\ B(L)}{\nearrow\qquad\searrow}} \{y_t\}$$

图 3-3　数字媒体影响房价的路径

如图 3-3 所示,数字媒体通过两条途径影响房价。一方面,数字媒体改变了需求者和供给者的预期,从而改变房价的波动幅度和快慢。另一方面,数字媒体改变了政策的冲击类型,加快了房地产市场对政策的反应速度。

通过整体梳理上述作用路径,可以发现数字媒体在对房地产的作用过程中,α 值非常重要,它是数字媒体加速传递度值。由于这个因素的出现,数字媒体传递速度和范围才会发生较大的变化,数字媒体传递才更加有效,从而使得人们预期的改变程度、房地产市场各个经济主体的经济行为的改变速度以及房地产市场价格的变化速度也发生了重大变化。

（四）数字媒体对房地产市场的作用机制分析

媒体对房地产市场主要有四大作用机制,即传递机制、导向机制、曝光机制和治理机制。在数字经济的条件下，在数字技术的影响下，媒体的数字化特征使得这四大机制在房地产市场经济中的作用更加凸显。

1. 数字媒体的传递作用机制会提升房地产市场的效率

在房地产市场中，媒体通过何种方式将信息传递出去对房地产市场的影响作用是不同的。

从传播学的角度来看，媒体在房地产市场中的信息传递方式可分为单路径传递与网状路径传递模式；根据传递维度不同可分为线性传递与互动传递模式。在数字经济社会形态下，随着数字媒体技术的进步，单路径传递方式即使用单一的传媒工具，如单纯利用报纸、电视、网络等传递信息的方式越来越少。网状传递方式，即几种传媒工具共同且相互之间有重合、有交叉的传递方式越来越普遍，如《人民日报》有纸质版也有电子版，电视节目可以在电视上观看，也可以在电脑上观看。同时，传递方式更倾向于互动式，包括信息传递到受众之后，受众的态度反馈以及与传播者的交流互动，在这一个过程中，传播者和受众的身份由于互动的存在是多次转换的，前一刻的传播者就是下一刻的受众，而受众则变成了新的传播者。同时，数字媒体在房地产市场的信息传递并不仅仅满足于这一过程或终结于此，更注重其传递效果与反馈。而传递效果如何，则关系到传递机制的有效性与成功性，效果反馈将对下一次传递起决定性作用。

因此，数字媒体在房地产市场中的作用不仅单纯体现在供求与市场之间传递价格和供求变化的信息，而且会通过多种媒体方式、渠道在供给者与需求者之间、供给者与供给者之间、需求者与需求者之间，以及它们与不同结构的房地产市场之间传递各类市场信息，从而影响房地产市场价格的变化。与此同时，数字媒体还将通过自媒体等方式不断反馈房地产市场的各类信息，进而影响房地产市场由非均衡到均衡地不断变动。

相比于传统媒体而言,数字媒体在房地产市场中信息传递方式的变化,除了扩展媒体传递渠道外,更为重要的是提升信息传递的效率,即在时间上会迅速反映出房地产市场的变动情况,使得房地产市场交易更有效率,在空间上会拓展和延伸房地产市场,加大房地产市场的交易范围。

2. 数字媒体的导向作用机制会引导房地产市场价格离散和收敛的方向

在房地产市场的信息传递过程中,就一般意义而言,媒体具有较强的客观性,但是,毋庸讳言,这一过程会不可避免地加入一些有目的性和解读性的信息传递,尤其是在数字媒体技术条件下,解读功能愈加强化,解读主体也日益多元化,因此,媒体传递的主观性、导向性也就更加明显。在房地产市场动态变化过程中,这些媒体导向性机制的强弱对市场收敛与离散的方向和速度也有一定的影响。

一般而言,客观性较强的房地产市场媒体信息,由于很少加入媒体主体的主观判断,可以方便受众自行做出判断。但是,如果受众掌握房地产市场信息不足,则会很容易做出错误的判断。因此,没有导向性的信息传递机制可能会引起误导。尤其在市场发生较大动荡的时期,一方面,受众的主观判断可能由于掌握的信息的有限性而出现偏差;另一方面,客观性较强的信息也很容易造成公众恐慌,受众可能迅速做出非理性判断进而影响市场的正常变化。因此,媒体的导向机制在引导公众做出正确判断、应对和维持房地产市场稳定等方面具有独特的优势。在市场波动较大的时期,加入解读后的信息的作用则更加明显,它既可以消除公众的恐慌心理,又可以指导公众进行理性交易,从而加快房地产市场向均衡状态的收敛速度,有利于房地产市场的有序发展。

然而,数字媒体的导向作用机制也有不足之处,即一旦导向的信息与真实环境出现偏差导致出现信息环境或"拟态环境",反而会造成不良后果。在房地产市场调控期间，如果为了引导民众经济行为而过度渲染，则会造成信息环境与真实环境不符，导致传递机制失效。反之，如果为了避免市场价格离散而一味美化房地产市场的现状，也会使受众怀疑信息的可信度，进而通过其他途径寻求信息。

3. 数字媒体的曝光机制可以调整房地产市场价格的偏差性

所谓媒体曝光机制就是将一些人们普遍不知道的信息集中重复传递出来，而媒体是将这些信息大批量、迅速地发布出去的唯一的、特定的连接介质和中间枢纽。所以，曝光是媒体特有的机制。简而言之，媒体曝光机制就是在信息的传递过程中将一些更隐蔽的信息集中传递出去的机制。

媒体曝光机制本身具有非常鲜明的特点，而这些特点使得它在房地产市场中的管理功能和价格纠偏的作用功能更加凸显。

首先，数字媒体的曝光机制可以放大房地产市场的失灵性，扩大市场供给者和需求者的理性空间。一般房地产市场的个体事件被曝光后，经过数字传媒手段快速、互动化传播，特别伴随着网络全民化和微博、论坛、抖音等新阵地，经过层层报道、集中宣传，可以使其从单一的、局部的偶然事件扩大为整体的、全面的必然事件，有着蝴蝶效应或放大镜效应，从而也会加速市场的动态变化，这些变化很快会引起政府监管部门的重视，以此加强对房地产市场的监督和管理。

其次，数字媒体的曝光机制可以在时间上和空间上将房地产市场的不良行为积累和集聚起来，引发规模效应。时间的积累性是指媒体对于某一房地产市场事件的报道集中在某一个时段，多家媒体机构、多种媒体形式(如报纸、电视新闻、网络新闻、广播等)一起对准这一特定事件，密集地、重复地、不间断地进行跟踪报道，可以在短时间内使这些信息发散到世界各个角落。空间的集聚性是指对一个事件多方位、多角度的各类报道并存于同一个版面，把原本需要多渠道收集的信息聚拢到一个报纸或一条新闻中来,让事实更完整地呈现出来,使人们对它有更全面、深刻的了解。数字媒体这一曝光功能不仅可以调整房地产市场价格,使其更加合理化,也会反复提醒房地产市场的供给者和需求者切勿盲目跟风。

再次,数字媒体的曝光机制可以提升房地产市场价格的透明度。一旦房地产市场的某一事件被曝光,便会引起市场主体的高度关注,社会舆论也会推动法律、行政等机构进行相应的官方处理,因此被曝光对象处于社会、法律、政府和媒体的四重监视之下,其市场的交易情况和价格变动趋向就会变得高度透明。尤其是数字媒体的引擎功能,具有较强的人肉搜索和扒粪功能,使得隐蔽性较强的信息也能够被公众所掌握。这样,房地产市场出清的速度就会更快,价格变动区间的离差也不会太大,从而有利于房地产市场的良性发展。

最后,数字媒体的曝光机制对于房地产市场具有治理作用。数字媒体的曝光机制能够辅助政府对房地产市场的宏观调控,因为政府在宏观调控房地产市场的过程中,难免会出现一些监督漏洞,而数字媒体作为第三方监督力量除了可以弥补不足外,还能够集中放大不足之处,以便在媒体的聚光灯下该重视的问题得到重视,该受到处罚的行为不能靠行贿等方式蒙混过关。可见,政府是影响房地产市场总供给和总需求变化的重要因子。当政府的宏观控制行为受到媒体监督时,便会更加趋于理性,更加符合市场规律。

三、 数字媒体对房地产二手市场影响作用的实证验证

数字媒体对房地产市场的影响作用理论也可以进行实证检验,尤其是我国房地产市场的发育与发展过程正处于以互联网科技为代表的数字媒体技术大发展时期,这两者之间的作用关系更加清晰,利于进行实证分析与检验。就房地产市场来看,二手房市场的反应则更为明显。

（一）模型的设定与数据选取

在对数字媒体与房地产二手市场的影响作用进行实证检验之前，有必要设定相应的理论模型并选取相关数据。

1. 实证分析的模型设定

$$p_t = p_t^{eq} + \sum_{i=1}^{n} \lambda_i z_t^i + \varepsilon_t \tag{3.19}$$

其中，p_t^{eq} 为均衡价格，随时间的变化而变化，z_t^i 为第 i 项政策冲击，ε_t 表示其他冲击因素。系数 λ_i 表示政策 i 的冲击效应，$\lambda_i > 0$ 时代表政策 i 的冲击效应为正，$\lambda_i < 0$ 时代表政策 i 的冲击效应为负。

政策冲击除了会随时间而发生变化外，同时冲击路径又与数字媒体信息有关，数字媒体信息对二手房地产市场的影响主要在于速度和力度的增加。一方面在政策实施初期，政策冲击力度以接近几何级数的方式增长，随着时间的推移，冲击力度会衰减至零；另一方面当房产政策出台时，若数字媒体发展水平越高，则其对房价形成稳定影响的速度越快。

2. 数据的选择与分析说明

本研究的实证主要涉及两类数据，一类是关于数字媒体的相关数据以及时间节点的划分，另一类是二手房地产市场的数据选取。

首先，关于数字媒体数据以及时间节点的划分。

本研究主要是从互联网的兴起与发展、微信的兴起与发展以及短视频的兴起与发展三个方面研究我国数字媒体的发展状况，并确定相应的时间节点。通过确定的时间节点，研究数字媒体的发展对于我国二手房地产价格的影响。

就互联网规模数据来看，2007 年是数字媒体发展的一个重要的时间节点。[①]主要理由如下：

---

① 数据来源：中国互联网络发展状况统计报告（1996—2015 年），中国移动网络发展统计报告。

一是,从全国互联网规模数据来看,2007 年是增长高点之一。

自 1996 年以来,互联网规模出现了几次峰值,但是 2007 年却是一个重要增长高点。根据全国网民规模的增速数据显示,在 1999 年、2002 年以及 2007 年网民规模增速达到局部峰值,虽然 2007 年的网民规模增速相对低于 1999 年和 2002 年,但 2007 年也是互联网规模增长高点之一。

二是,从三大省市互联网规模数据来看,2007 年是增长最高点。

自 2003 年以来,互联网规模出现了几次峰值,但 2007 年是峰值最高的年份。根据我国北上广三大省市网民规模的增速数据均显示,2007 年、2011 年以及 2013 年网民规模增速达到局部峰值,且 2007 年是增速数值最高的年份,表明当年互联网的发展速度最快。

三是,从移动网络规模数据来看,2007 年也是增长最高点。

自 2006 年以来,手机网民规模出现了几次峰值,但 2007 年是峰值最高的年份。根据我国手机网民规模增速数据显示,2007 年 6 月、2009 年 6 月、2010 年 6 月、2011 年 12 月与 2013 年 6 月手机网民规模环比增速达到局部峰值,且 2007 年是增速数值最高的年份,表明当年移动网络发展最为迅速。

所以,我们认为对于互联网发展来说,2007 年是一个重要的时间节点。

就微信用户规模数据来看,2013 年可以作为数字媒体发展的第二个重要时间节点。①微信社交软件是继互联网和智能手机迅速发展之后形成的一种新型综合性数字媒体平台。自 2011 年开始,微信在国内活跃发展,2013 年是微信用户增长最快的年份。根据我国微信活跃用户规模增速数据显示,2013 年 9 月与 2014 年 3 月用户规模增速达到局部峰值,且 2013 年是增速数值最高的年份,表明当年微信发展最为

　　① 　数据来源:腾讯公司季度财报。

迅速。因此，我们认为对于数字媒体的发展而言，2013 年是一个重要的时间节点。

就短视频用户规模数据来看，2018 年是数字媒体发展的第三个重要的时间节点。短视频平台是继微信之后，一种由数字媒体技术高速发展推动的综合性平台，兼具信息传播、引导文化、监督环境和娱乐等功能。2019 年 2 月中国互联网络信息中心（CNNIC）发布的第 43 次《中国互联网络发展状况统计报告》显示，2018 年，短视频市场获得各方广泛关注，百度、腾讯、阿里巴巴、微博持续在短视频领域发力，网易、搜狐等也纷纷推出新的短视频应用，使得短视频市场迅速发展。截至2018 年 12 月，我国短视频用户规模达 6.48 亿，用户使用率为 78.2%。随着众多互联网企业在短视频领域的竞相布局，特色优质内容成为竞争的关键，这也标志着我国短视频市场逐步走向成熟。根据《中国短视频发展研究报告（2023）》显示，我国短视频用户规模在 2023 年 6 月已达10.26 亿，用户使用率从 78.2% 增长至 95.2%，产业规模已近 3000 亿元。由此可见，自 2018 年至今，短视频用户和产业规模逐年迅速增长，因此可以将 2018 年视为我国数字媒体发展的一个重要的时间节点。

综上所述，我们认为 2007 年、2013 年和 2018 年是我国数字媒体发展最为重要的三个时间节点。

其次，关于二手房地产市场数据的选取与实证方法的选择。

本研究选取存量房地产市场即二手房交易市场的数据进行实证分析。主要有两方面的原因，一是在政策制定之时，新房的供需可能会存在一些滞后性；二是对于北京、上海和广州这样的大城市，其新房的开发越来越趋向于城市的边缘，这在一定程度上不能够满足城市住房者的需求。因此，新房市场不能很好地反映房产政策对房价的影响速度，而二手房不存在这样的问题，其供需则非常灵活。综合这两点，本研究选取北京、上海和广州这三个大城市的二手房交易数据来分析房价对房产政策的反应速度。

北京、上海和广州二手房价格数据均来源于中指云数据库二手房版,二手房价格指该市二手房销售平均价格(元/m²),数据为月度数据,样本区间为 2006 年 3 月到 2023 年 6 月。

本研究采取 HP 滤波来分离二手房价格的长期趋势和短期波动。对于给定的原始序列 $\{y_t\}_{t=1}^{T}$,其由趋势成分 $\{y_t^g\}_{t=1}^{T}$ 和周期波动部分 $\{y_t^c\}_{t=1}^{T}$ 两部分组成:

$$y_t = y_t^g + y_t^c \tag{3.20}$$

HP 滤波分离这两部分的方法是,在原始序列 $\{y_t\}_{t=1}^{T}$ 给定的情况下,选择合适的 $\{y_t^g\}_{t=1}^{T}$,使得下式达到最小:

$$\sum_{t=1}^{T} (y^t - y_t^g)^2 + \lambda \sum_{t=2}^{T-1} [(y_{t+1}^g - y_t^g) - (y_t^g - y_{t-1}^g)]^2 \tag{3.21}$$

在搜集、整理完北京、上海和深圳的二手房的销售价格数据后,接下来的工作是选取相关的房产政策。

根据上述的 2007 年、2013 年和 2018 年的时间节点设定,本研究主要考察 2006 年至 2007 年、2008 年至 2013 年、2013 年至 2018 年、2019 年至今这四个时间段房产政策对房价的影响,因此分别选取这四个阶段内主要的房产政策。

表 3.1　四个阶段的主要房产政策

阶　段	时　间	政策(信号)	政策(信号)内容
2006—2007 年	2006 年 5 月	1	"国六条"出台,国务院常务会议提出促进房地产业健康发展的措施 九部委十五条:原建设部等九部委出台《关于调整住房供应结构稳定住房价格的意见》 征收营业税:国税总局规定个人将购买不足 5 年的住房对外销售的,全额征收营业税

续表

阶　段	时　间	政策 (信号)	政策(信号)内容
2008— 2013年	2010年 4月	2	2010年1月"国十一条"出台,加强对二套房贷款的管理,首付不得低于40%,加大房地产贷款窗口指导。4月北京率先出台"国十一条"实施细则,规定"每户家庭只能新购一套住房",此后,中央政府在上海、广州等17个城市实施类似的住房限购政策
	2011年 1月	3	新"国八条"出台,把二套房贷首付比例提至60%,贷款利率提至基准利率的1.1倍,加上此前的政策,2011年首套房商业贷款的首付为30%,第三套及以上住房不发放商业贷款
2014— 2018年	2015年 12月	4	中央经济工作会议提出要努力化解房地产库存
	2016年 12月	5	中央经济工作会议提出"房住不炒"
	2018年 12月	6	住建部提出2019年房地产市场将以"稳地价、稳房价、稳预期"为目标。中央经济工作会议提出因城施策、分类指导,夯实城市政府主体责任,完善住房市场体系和住房保障体系
2019年 至今	2020年 8月	7	住建部等部门形成了重点房地产企业资金监测和融资管理规则,三条"红线"(房企剔除预收款后的资产负债率不得大于70%;房企的净负债率不得大于100%;房企的"现金短债比"小于1)成为规范房地产企业融资的重要规则
	2022年 10月	8	党的二十大报告:坚持房子是用来住的、不是用来炒的定位,加快建立多主体供给、多渠道保障、租购并举的住房制度

（二）实证检验

本研究借助 Eviews11 软件,对北、上、广三大城市的二手房价格进行 HP 滤波。由于本研究采用的是月度数据,因而可以设置平滑指数 λ 为 14400。HP 滤波的结果分别如图 3-3、3-4、3-5 所示。本研究通过观察政府出台的房产政策对房价与趋势价格的偏离(即波动部分)的方向与大小来分析相关房产政策的实施效果。阴影部分表示政策开始实施到政策实际发挥作用所经历的时间段(即政策出台的月份到政策发生显著作用的月份的前一个月,本研究将此称为反应时间),阴影部分越窄,政策发挥作用就越迅速;垂直线段(位于政策出台的月份)表示政策实施的效果是即时的。

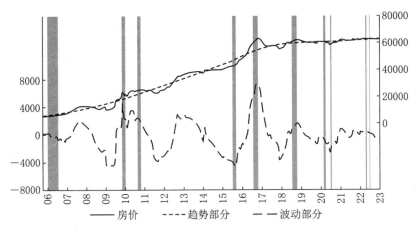

图 3-3　北京市二手房价格 HP 滤波结果(2006 年 3 月至 2023 年 6 月)

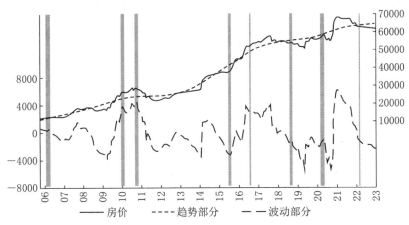

图 3-4　上海市二手房价格 HP 滤波结果(2006 年 3 月至 2023 年 6 月)

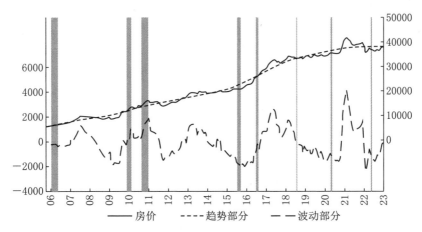

图 3-5　广州市二手房价格 HP 滤波结果（2006 年 3 月至 2023 年 6 月）

（三）实证结果与说明

根据上述实证结果可知，在 2007 年、2013 年和 2018 年前后，数字媒体技术的突破性发展使得二手房价对房产政策的反应速度明显加快。

在 2007 年之前，上海和广州的二手房价格对"政策 1"的反应速度至少为 3 个月（见图 3-4 和图 3-5），其中，北京甚至达到 6 个月（见图 3-3）。2006 年 5 月，"政策 1"出台，北上广的二手房价格与趋势价格的偏离起初发生波动，"政策 1"起到了一定的控制房价效果，在政策出台后，北上广的房价呈下降趋势。

在 2007—2013 年间，随着互联网的兴起，二手房价格对房产政策反应速度加快。北京和上海对"政策 2"和"政策 3"的反应速度缩短至 3 个月以内（见图 3-3 和图 3-4），而广州的二手房价格对这两项政策的反应速度缩短为 4 个月（见图 3-5）。自 2009 年下半年至 2010 年初，北京的二手房价格快速上涨，恢复至趋势价格之后又开始出现偏离。在这一时期，上海的二手房价格也迅速上涨并偏离趋势价格。广州的二手房价格更是经历了 2009 年和 2010 年全年的高涨期。2010 年 1 月，

"政策2"出台并在移动网络上迅速传播。北京、上海的二手房价格与趋势价格的偏离,分别历时2个月和3个月,于2010年5月和6月快速缩小。自2011年1月"政策3"出台后,相关媒体广而告之。北京和上海的二手房价格都呈显著下降趋势,其与趋势价格水平的偏离开始缩小;广州的二手房价格与趋势价格的偏离则自1月开始经历了4个月后,于2011年5月开始缩小。

在2013—2018年间,随着微信等社交软件的兴起,总体而言,二手房价格对房产政策的反应速度更加快于前一阶段。2015年12月,中央经济工作会议提出要努力化解房地产库存("政策4")。"政策4"信号发出后立刻在微信等数字媒体信息平台上传播,引致北京和上海的二手房价格都呈现快速上涨的趋势,政策反应速度在1个月左右。广州的二手房价格处于与趋势价格偏离的阶段,在政策出台后其二手房价格开始波动上升。2016年12月,中央经济工作会议提出"房住不炒"("政策5")。由图3-3可知,当时北京的二手房价格正处于上升阶段,"政策5"出台后的3个月,由上升转为快速下降趋势。由图3-4和3-5可知,上海和广州的二手房价格迅速做出反应,上海的二手房价格呈下降趋势,广州的二手房价格则是短暂地下降。2018年12月,"政策6"出台,北京的二手房价格在政策出台3个月后呈下降趋势,而上海和广州的二手房价格反应速度快,都呈下降趋势,开始与趋势项偏离;之后,北上广的二手房价格都较为稳定,政策效果较为明显。

自2019年至今,随着短视频等新兴数字媒体的兴起,信息传播速度加快,使得二手房价格对房产政策的反应几乎都是即时的。2020年8月,"政策7"出台,北京和广州的二手房价格做出即时反应;而上海的二手房价格在经过2个月的短暂上升后开始呈下降趋势。2022年10月,"政策8"出台并通过短视频等数字媒体广泛传播,北上广的二手房价格对政策的反应几乎都是即时性的,均呈现轻微下降至平稳趋势,这可能与"房住不炒"这一政策已经深入人心有关。

由此可见，以 2007 年、2013 年和 2018 年为分界点，随着房产政策信息传播速度的加快，这三个城市的二手房价格对政策的反应程度愈发变快。这也与前面理论逻辑分析中所得做出的假设基本相符。

在现实经济条件下，数字技术的不断进步使得信息传播广度和深度都发生了突破性的改变。根据上述的理论与实证分析，我们可以发现数字技术进步在房价对房产政策的反应速度中有着较为突出的作用，然而数字媒体也是一把"双刃剑"，合理的数字媒体手段能够使得消息得到有效传播，规范房产市场健康地发展，若是数字媒体手段运用不当，则消息的过度传播会引起消费者的恐慌，反而导致房产市场的不良发展。为此，本研究试图从数字媒体与房产市场联动的视角提出三点政策建议。

首先，组建数字媒体行业监管机构，准确调控房地产一级影响。数字媒体手段对房地产价格等市场因素的影响和宣传仍然处在监管的真空阶段，我们有必要通过立法等制度创新方式，不断健全和完善新媒体行业的宣传引导作用，组建有针对性的行业监督管理机构。具体来说，要立足于当前的经济实际，在互联网上建立良好的监督平台，同时建议数字媒体平台开发者针对当前社会角色定位和房地产市场发展中的功能划分来开发全新的在线监管平台，有限制地逐步开放给更多的社会媒体和监管人员，实现数字媒体时代的开放式监督管理。

其次，完善房地产投资者保护，保障房地产投资者权益。为此，要将数字媒体行业的受众成员群体纳入房地产投资者权益保障的范畴。其一，完善互联网中相关传播路径的投诉机制，畅通投资者的投诉和受理渠道。其二，要建立投资者的个人金融诚信保护制度，维护投资者和消费者的合法权益，还要建立数字媒体行业的行为信息查询中心，为房产消费者提供投资理财、业务行为的查询服务。其三，应当建立在线的房地产投资信息预警平台,通过数字媒体平台工具,对高风险的房地产投资信息和投资产品进行及时的风险预警。

最后,加强数字媒体行业监管合作。当前全国乃至全球都正在发展经济金融一体化,互联网在跨地区、跨地域的影响行为,预示着房地产的线上投资环境正在形成。因此,我们一方面要强化对数字媒体行业的跨部门监管合作,如央行、证监会、银保监会等部门,另一方面也要加强国内各地区之间的合作,对于跨地区、跨省份的数字媒体的社会影响与引导行为,需要在全国各地区形成联网式的监督,通过有效合作形成统一高效的管理。

第四章

宏观视角：数字媒体对数字经济背景下卫生健康危机影响作用研究

一、 全球卫生健康危机与正拟态环境的理论探讨

（一）关于全球卫生健康危机的探讨

人类卫生健康危机是人类所面临的种种危机之一，从经济学视角考量这一危机，可以将其定义为卫生健康经济危机。因为理论界在定义经济危机也会从基于引起危机的直接原因上，从较为宽泛的视角做出定义，纵观现有文献就有政治危机说、技术危机说、农业危机说、文化危机说、心理危机说等。诸如所谓的政治危机说，主要是将政治作为影响经济危机的重要变量，主要代表人物有卡莱茨基（Michal Kalecki）、阿克曼（Bruce Ackerman）和诺德豪斯（William D. Nordhaus）等。所谓技术危机说，是将经济危机的周期性发生归结于技术的创新的结果，

该学派的主要代表是斯皮特·霍尔（Stuart Hall）和熊彼特（Joseph Ants Schulnpeter）等。所谓农业危机说，则是认为国民经济的波动与农业收成的丰歉有直接联系，这一理论也称太阳黑子论或者气候论，其代表人物是威廉姆·杰文斯（William Stanley Jevons）、赫伯特·杰文斯（Herbert Jevons）和亨利·穆尔（Henry Moore）等。所谓文化危机说，在目前还没有形成正式的学派，但已经受到不少经济学家的认同，该理论主要看到了现代经济危机的成因与消费主义文化是密不可分的现象。所谓心理危机说，则认为经济周期是由消费者和投资者心理的周期性变化引起，而这些心理的周期变化最终会导致经济危机，主要代表是哈佰勒（G. Haberler）、阿瑟·庇古（Arthur Pigou）和拉文顿（F. Lavington）等。由此我们可以推论，由于人类卫生健康问题引发的经济危机也就可以称为卫生健康经济危机。

回顾理论界的研究可以发现，"人类卫生健康"这一词汇通常是与疾病的防治、卫生服务体系的建设一同出现的，但只是在语句中简单提及。文献中比较集中的提及"人类卫生健康"这一概念，是在 2020 年 3 月 21 日，习近平总书记向法国马克龙总统致慰问电，首次提出"打造人类卫生健康共同体"①的倡议之后，倡议的提出意在指明在面对传染病大流行时，维护公共卫生健康是最重要的全球公共产品之一，国际社会任何成员都不能置身事外，必须打造人类卫生健康共同体。此后，国内文献在分析"人类卫生健康共同体"时，开始提及"人类卫生健康危机"（桑建泉、陈锡喜，2022；杨鸿柳、杨守明，2020）。学界关于与人类卫生健康危机的同等概念则是"公共卫生危机"。国内文献中最开始提及"公共卫生危机"是与药物使用、传染病防治相关联的，频繁出现始于

---

① 《习近平就法国发生新冠肺炎疫情向法国总统马克龙致慰问电》，http://www.cppcc.gov.cn/zxww/2020/03/23/ARTI1584927824915190.shtml? from = groupmessage. 2020 年 3 月 22 日。

2003 年 SARS 爆发时期，当时这一爆发急、传播快、范围广、影响大的传染病被界定为全球性"公共卫生危机"（薛澜等，2003），2020 年由于新冠病毒，"公共卫生危机"也再次被提起（文侃骁等，2023）。由此我们可以认定，"卫生健康危机"或者"公共卫生危机"是由重大公共卫生事件引起的危机，如果这种公共卫生事件对于经济活动造成重大影响，也可以称为卫生健康经济危机。例如这次新冠病毒感染公共卫生事件对于全球经济的影响远远大于 2003 年 SARS，据统计数据显示，2020 年世界经济同比深度下滑 3.1％，其中发达经济体下滑 4.5％，新兴市场和发展中经济体下滑 2.1％，全球债务规模达到创纪录的 226 万亿美元，成为自第二次世界大战以来全球债务增加最多的一年（王晋斌，2021）。为此，理论界将其定义为卫生健康经济危机的理由充足（杨小勇、吴宇轩，2021）。

这次，全球范围发生的卫生健康经济危机是离我们最近的一次危机，以其传播速度之快、感染范围之广、防控难度之大成为人类史上最为重大的一次突发公共卫生事件，目前世界各国基本遏制了这一危机，经济积极向好已经成为基本态势。毋庸置疑，这种成效是多种因素合力作用的结果，其中，现代媒体的作用至关重要。

我们知道，抵御人类各类危机面临最大的难点是社会的心理恐慌。凯恩斯（John Maynard Keynes）曾提出过一个危机的心理恐慌理论，他认为，人们的内心有一种任意猜测、一时冲动、冒险投机的"动物精神"（Animal Spirit）。在这种"动物精神"的作用下，人们的情绪将会很不稳定，当人们的经济行为受到"恐惧""疑虑和信心的波动"以及"动物精神"这些主观心理倾向的影响时，就会认识到个人判断没有什么价值，转而依靠世界上可能了解情况的其他人的判断。也就是说，我们会顺从多数人或一般人的行为，于是社会便面临由突然心理崩溃而导致整体恐慌和危机。

经济学领域也有一个"危机传染理论",是一种说明危机在国际或区域范围内传导的理论,其他国家或地区的危机,增加了另一国出现危机的概率。其中有两个效应机制,一是羊群效应机制,即在不完全信息或信息不对称的情况下,危机可能通过羊群效应发生传染;二是注意力配置效应,即有些危机信息会被重点关注,而另一些则不能被注意到而发生注意力配置的传染。

(二)关于数字媒体的正拟态环境探讨

在这种危机特点下,遏制它们都有一个关键环节,就是如何防止通过社会民众心理恐慌的传染而酿成更大范围和更加深刻的社会性危机。

在这个过程中,现代媒体就肩负着稳定社会大众心理情绪,引导其正确解读危机,最终保持社会政治、经济等全面稳定的重要使命。

这种使命和重大社会作用是媒体自身的特性决定的。

就理论建树而言,传媒学自产生以来就一直围绕着传媒对社会之作用而展开讨论,传媒理论的重要开拓者李普曼很早就提出"拟态环境"和"刻板成见"两个重要理论。他指出,人们自以为生存于客观环境,而其实是生存在被媒介精心构造的拟态环境之中。后来麦肯姆斯和唐纳德·肖提出"议程设置"理论,即大众传播具有一种为公众设置"议事日程"的功能,从而影响着人们对周围世界的"大事"及其重要性的判断。在这里,传媒学已经具有影响社会活动的重要地位。随后,传媒学更加明确阐述了传媒的社会影响力作用。拉扎斯菲尔德提出了大众传播的有限效果论,以及"两级传播"和"舆论领袖"等理论;维纳认为控制人们环境的命令都是人们给予环境的信息,而信息的传输是人的感觉和能力的延伸,可以从一个世界延伸到另外一个世界;麦克卢汉强调,媒介的意义不仅仅在于传递信息,而是创造了新的社会环境和文化环境;约翰·杜威(John Dewey)指出,"大众传播是社会变迁的工具"。卢因则看到了群体传播过程中存在一些"把关人"，只有符合群体规范或"把关人"价值标准的信息内容才能进入传播的渠道。马莱茨克(G. Maletzke)把大众传播看作是包括社会心理因素在内的各种社会影响力交互作用的"场"。

传媒理论这些经典研究成果,正是我们认识传媒实践对人类遏制卫生健康危机重要作用的理论支撑。

如果透过卫生健康危机的现象形态,进而深究现代传媒在这个过程中的重要作用机理,便可发现李普曼拟态环境理论的重要价值。

李普曼(1922)在《公众舆论》一书中首次提出拟态环境概念:"拟态环境是由媒介通过对象征性事件或信息进行选择和加工、重新加以结构化之后向人们提示的环境。由于这种加工、选择和结构化活动是在一般人看不见的地方(媒介内部)进行的,通常人们意识不到这一点,而往往把拟态环境作为客观环境本身来看待。"

此后,这一说法作为传播学的经典理论加以运用和研究,并不断衍化出系列概念,诸如媒介环境、媒介生态环境、媒介文化环境、信息环境、媒介世界或媒介领域、拷贝世界、舆论环境、意见环境、虚拟现实或虚拟实境等,其本质特征都是凭依传播媒介为载体,再次构建"虚拟"或拟态环境而作用于社会。

随着互联网技术的发展,传播方式也发生革命式转变,互联网营造出一个不同于传统拟态环境(传统媒介所营造的拟态环境)的新拟态环境,学界称为"网络拟态环境"或者"信息环境"。其本质虽仍然没有超越传统的拟态环境,只不过是"人们借助网络媒介并运用网络化的符号系统描绘、摹写、重构和再现现实环境,从而构建的一个信息环境"(舒刚和王雅蕾,2013),而其意义却发生了巨大变化。所以,一些学者认为,互联网等的营造,已经不仅局限于模拟真实环境,甚至开始超越真实环境,使"虚拟社群和实在社群以一种交叉并置的方式相互映照"(波斯特,1995)。"拟态环境"对现实环境的影响至此进入了一个全新阶段,现实环境中带有"拟态环境"的特点,"拟态环境"成为现实环境的时间变得越来越短。日本学者藤竹晓曾进一步提出"信息环境的环境化",认为人们由于通过媒介提供的信息来认识环境,并对现实环境采取行动,而使现实环境越来越带有拟态环境的特点,人们很难将拟态环境与现实环境加以明确的区分(郭庆光,1999)。

理论界也非常关注拟态环境对于现实环境的影响作用,并深入两个主要侧面进行发掘。一方面肯定了拟态环境对于现实环境的正向影响作用,提出拟态环境"是由媒体专业人员和大众共同广泛参与的社会建构,这种社会建构在客观、真实、能动地反映现实环境的基础上,对现实环境的发展变化又起着引导、转化和塑造的作用"(曹劲松,2009),并强调"拟态环境是现代信息社会人们了解和认知世界,并由此调整自身行为以适应环境的重要'依据'"(陈航,2010)。另一方面也看到了"拟态环境"的负面影响作用,即认为从网络拟态环境的特质来看,网络媒介所营造的拟态环境趋向于对现实环境的"负向偏离",网络拟态环境是"片面化呈现"(方付建等,2010),"局部民意"和"狭隘民意"(杨晓玲和胡树祥,2008),"主体性丧失"(张立彬,2009)与"集体无意识现象"(勒庞,1895),"标签化处理"(彭兰,2008)等。

也有学者从良性和恶性来阐述拟态环境的影响作用,良性拟态环境是指能够起到信息生态平衡作用的拟态环境,即这种拟态环境可以带来"客观事实—信息生产—信息传播—信息反馈"的良性循环。恶性拟态环境是指新闻生产主体在种种利益诱惑或其他外在力量支配下背离真实性价值原则,使新闻话语的符号能脱离所指或随意漂浮于所指之上、使意指实践活动超出合理范围之外进行新闻话语生产的结果(于宏英和单小曦,2007)。

　　前述,都是审视媒体之于这次人类卫生健康危机作用的认知基点。

本书为了分析方便,将拟态环境的正面影响作用或者良性影响作用界定为正拟态环境,并且基于正拟态环境的研究视角分析我国现代媒体在卫生健康危机过程中,利用互联网这一媒介手段,通过危机信息选择、加工、解读、整合等方式,所营造的良好舆论环境,即正拟态环境,进而分析正拟态环境对于我国遏制卫生健康危机,理性预期经济走向的作用机理。

二、 数字媒体在卫生健康危机过程中正拟态环境的营造

卫生健康危机过程中,正拟态环境的形成主要取决于两方面的力量,一是国家对于新闻媒体的主导性作用,二是现代媒体所营造出的良好的舆论环境。

（一）国家意志对数字媒体的主导性是营造正拟态环境的重要条件

我国媒体由国家意志理性调控,因此,由现代媒体所构建的拟态环境,国家主流意识形态在其形成过程中无疑具有主导性作用。

在这次人类卫生健康危机过程中,我国政府十分重视新闻工作者和媒体的重要作用,多次在会议中提出要充分发挥新闻舆论工作的有效性、普及性来提升我国人民共同抗击危机的力量。这些来自中央层面的主导意识对于营造媒体的拟态环境具有重要作用。

首先,强调媒体信息传递的透明性,这对于媒体营造正面拟态环境至关重要。习近平总书记要求新闻媒体一是要完善信息发布,"依法做到公开、透明、及时、准确"。要通过媒体向大众公开透明传播权威信息及危机处理进展,接受人民的监督,"要正视存在的问题,及时发布权威信息"[1],

---

[1] 习近平:《习近平对军队做好危机防控工作作出重要指示强调牢记宗旨勇挑重担为打赢危机防控阻击战作出贡献》,《人民日报》,2020年1月29日。

"慈善组织、红十字会要高效运转,增强透明度,主动接受监督,让每一份爱心善意都及时得到落实"①;二是要通过媒体公开透明回应人民群众的关切,保障人民群众的知情权,"要及时发布权威信息,公开透明回应群众关切",增强舆论引导的针对性和有效性。

其次,强调媒体信息传递的正面导向,主张营造积极的舆论环境。习近平总书记在不同背景下谈到全球卫生健康危机时,反复强调新闻媒体在舆论宣传方面要加大正面传播力度,要求媒体"营造万众一心阻击疫情的舆论氛围,凝聚起众志成城、共克时艰的强大正能量"②。一是有效引导,通过新闻媒体的作用加强人民对党、对社会的信心,要"让群众更多知道党和政府正在做什么、还要做什么……深入宣传党中央重大决策部署"③;通过"跟踪研判,主动发声、正面引导,强化融合传播和交流互动,让正能量始终充盈网络空间"。④二是加强对不良舆论的监管,通过媒体主动回应社会关切,对善意的批评、意见、建议认真听取,对借机恶意攻击的坚决依法制止,对"网络媒体管控,推动落实主体责任、主管责任、监管责任,对借机造谣滋事的,要依法打击处理"⑤。

再次,强调新闻媒体要注重营造良好的国际舆论环境。在面对全球卫生健康危机之时,国家非常注意国际媒体的不良舆论,着重提出:一是要对国际社会保持危机信息公开透明,及时回应境内外关切,保障

---

① 习近平:《习近平在统筹推进新冠肺炎危机防控和经济社会发展工作部署会议上的讲话》,《人民日报》,2020 年 2 月 24 日。

② 习近平:《习近平在北京市调研指导新型冠状病毒肺炎危机防控工作时强调 以更坚定的信心更顽强的意志更果断的措施 坚决打赢危机防控的人民战争总体战阻击战》,《人民日报》,2022 年 2 月 11 日。

③④⑤ 习近平:《中共中央政治局常务委员会召开会议研究加强新型冠状病毒感染的肺炎危机防控工作 中共中央总书记习近平主持会议》,《人民日报》,2022 年 2 月 3 日。

境内外能够快速准确获得相关信息。习近平总书记指出，要及时向世界卫生组织有关国家和地区组织及港澳台地区通报各类信息，"加强合作、全力应对，共同维护地区和全球卫生安全"①，要"积极回应各方关切，加强与国际社会合作"②；二是提出要通过新闻媒体展现中国抗击卫生健康危机的决心，传播中国经验，为全世界的行动增添信心，"展现中国人民团结一心、同舟共济的精神风貌"③；三是提出要将新闻媒体作为重要的外交辅助渠道之一，利用媒体促进中国同其他国家的有效沟通，维护和谐国际关系。

最后，强调新闻媒体在应对全球卫生健康危机中的责任与任务。一是要加大媒体宣传的力度，完成维护社会稳定的任务，提出"宣传舆论工作要加大力度，统筹网上网下、国内国际、大事小事，更好强信心、暖人心、聚民心，更好维护社会大局稳定"④；二是要承担媒体的教育责任，提升人民的科学防护能力，"要加大对传染病防治法的宣传教育，引导全社会依法行动、依法行事"⑤；同时，还要通过网络媒介"有针对性地开展精神文明教育，加强对健康理念和传染病防控知识的宣传教育，教育引导广大群众提高文明素质和自我保护能力"⑥。

上述系列要求及举措，是我国媒体得以形成正拟态环境的主导因素，使得这一拟态环境在非常时期，面对危机，能够凝聚、释放正向引导力量，对消解社会恐慌，形成理性预期，推动中国经济复苏进程具有十分重要的意义。

---

① 习近平：《中共中央政治局常务委员会召开会议研究新型冠状病毒感染的肺炎危机防控工作　中共中央总书记习近平主持会议》，《人民日报》，2020 年 1 月 26 日。

② 习近平：《习近平会见世界卫生组织总干事谭德塞》，《人民日报》，2020 年 1 月 29 日。

③④⑤⑥　习近平：《习近平在中央政治局常委会会议　研究应对新型冠状病毒肺炎危机工作时的讲话》，《求是》，2020 年 2 月 15 日。

（二）在卫生健康危机过程中数字媒体正拟态环境的形成与特征

从现代传媒视角分析我国正拟态环境的形成，可以从以下几个方面审视。

首先，通过及时、准确传递权威性危机信息，营造一个较为客观的正拟态环境。

在互联网技术不断发展的背景下，拟态环境是以现实环境为模板，借助网络等媒介并运用各种数字符号系统反映出现实环境的一种逻辑重构，虽然，这种拟态环境在某种程度上可以与现实环境有一定的差异性，甚至可以超越现实环境，但却不能脱离现实环境，即必须根植于现实之中。因此，新闻媒体营造正拟态环境的重要前提就是要"公开、透明、及时、准确"地传递危机信息，充分反映危机的现实状况。

一方面，我国新闻媒体具有代表国家意志，承担维持政治、经济和社会稳定的使命。在危机期间，最为权威的、真实的危机信息源一定来自政府层面，而媒体则是及时表达政府关于危机的基本认识，客观、集中地反映事实真相，忠实地反映社情民意，完成团结民心，维护社会稳定的基本职责。此外，在应对危机过程中，针对人们的恐惧与焦虑情绪，政府也通过媒体表达他们的真实态度，即"要把人民群众生命安全和身体健康放在第一位"。新闻媒体传递政府发布的权威性信息，真实反映危机的实际状况，从而为营造一个较为客观的拟态环境奠定基础。

另一方面，真实传递具有权威性的危机信息也是新闻媒体的社会责任。现代媒体不仅肩负国家主流意识形态的职责，作为文化产业还具有全方位集散各类信息，传播各类新闻的功能。因此，就存在一个新闻媒体的社会责任问题，是囤积居奇，哗众取宠，还是真实报道、科学解读是媒体产业的大是大非问题。《中国新闻工作者职业道德规范》规定，新闻工作者必须"坚持新闻真实性原则，要把真实作为新闻的生命，坚持深入调查研究，报道做到真实、准确、全面、客观"。在危机过程中，新闻媒体营造了一个正拟态环境，协助国家以最小的成本抵御危机蔓延，充分说明它们已经担负起这一重大社会责任。

总之，在应对全球卫生健康危机过程中，我国主流媒体通过将政府关于危机的基本态度，真实、公开、透明、及时传递给受众的同时，也传递了政府的决心和信心，发挥了媒体的正面传递效应，从而也建构出一个与国家主流意识相一致的正拟态环境。

其次，通过针对性、专业性解读危机信息，营造一个充满正能量的拟态环境。

李普曼曾将环境分为三种不同的层面，一是不以人的意志为转移的"现实环境"；二是在人们脑海中形成的关于外部环境的图像，即"主观环境"；三是大众传播媒介经过选择加工后产生的"拟态环境"。显然，拟态环境并不是对现实环境的"全景式"再现，媒体构建一个什么样逻辑化的拟态环境，决定于它们在对象性事件或信息的选择、加工的倾向，这关系到媒体重新结构化以后向人们展示的环境世界是什么样的，这也成为事件向好发展或者向坏恶化的关键。

我国在全球卫生健康危机期间具有正向引导的拟态环境并非自然形成，其形成依靠现代媒体强大的解读功能，并通过再加工危机信息而正确引导人们注意力。一般而言，客观性、自在性较强的媒体信息，由于很少加入媒体的主观选择和加工处理，便需要受众自行作出判断，而在危机特殊时期，受众根据以往的经验无法解读危机这类信息，很容易做出误判，不知所措，或选择错误的行为和对策。据 Janis 和 Feshbach (1953)的诉诸恐惧对态度作用试验的结论："过于强烈的恐惧刺激可能会唤起某种形式的干扰因素以致降低传播效果"。为此，加入媒体的主观判断的解读就变得非常重要。卢因的"把关人"理论也承认信息传递的选择性，他认为，信息的流动是在一些含有"门区"的渠道里进行的，在这些渠道中,存在着一些"把关人",只有符合群体规范或"把关人"价值标准的信息才能进入传播渠道。因此,现代传媒的信息的生产与传播并不具有纯粹的绝对"客观中立性",我国的媒体依据我国主流意识形态的立场、方针和价值标准对危机进行有针对性的解读,对于正向信息的反复播放和渲染所营造的拟态环境就可能消除公众的恐慌心理,引导公众作出关于危机的正确判断和合理防控行为,从而避免社会动荡,保证经济尽快复苏,走出危机困境具有重要作用。

再次,通过曝光机制、教育功能,纠正不实信息和不良行为,营造一个理性的拟态环境。

在全球卫生健康危机期间,我国新闻媒体通过媒体曝光机制降低了虚假危机信息传播,通过教育纠正了人们在危机期间的不良行为,营造了一个正拟态环境。

媒体具有"媒体之手"功能,简称为"媒治",就是指通过媒体管理社会,促进一些重要社会问题得以解决。在特殊时期,由于人们对于这类信息的关注度升高,媒体的曝光机制的效应就急剧增强,通过媒体有选择曝光不实信息和不良行为,就降低了谣言对于人们的困扰,也纠正人们的非理性,甚至是错误行为。

在全球卫生健康危机期间,我国的各类群体由于对信息掌握程度有差异,理解也有不同,更有恶意制造虚假危机信息并通过互联网自媒体传播,如果不加以治理和管制就很容易形成一个负拟态环境。特别是在危机期间,负面信息更容易引起人们的注意或被接受,媒体通过曝光机制校正信息,同时进行科学知识教育,排除负面影响以提升公众对于未来经济发展的信心。

此外,传媒曝光机制的积聚性、高度透明性也能在短时间内倾倒式地传布危机信息,特别是当人们所关注的虚假信息被曝光后,网民也会跟踪、转发、评论,瞬间成为热点,吸引整个社会的关注;人人参与、人人传递信息的自媒体也会放大媒体治理功效。这对于规范危机期间人们的行为，强化其法律意识，提升危机治理效应，抑制危机蔓延都具有重要作用。而这个媒体的治理过程恰好就是营造一个正拟态环境的过程。

媒体曝光对于危机过程中逆向选择行为的治理也有微观与宏观之分，微观主要针对个人行为的治理，通过媒体曝光影响个人声誉来实现。如对于某些官员、"毒王"等的负面报道会影响其个人声誉，并将带来社会的压力，不仅使当事者需要积极调整自己行为，也会警示他人。就宏观而论，媒体曝光机制对政府行为也有促进作用。作为具有监督职能的第三方，其曝光甚至集中放大不足、疏漏，提醒政府及时修补，以引起对问题的重视而使其获得妥善解决。

最后，通过多层次、高密度传递危机信息，营造一个网络化拟态环境。

媒体与信息数据具有不可分性，两者存在着辩证关系，没有媒介载体的信息数据和没有信息数据的媒介载体均无意义。媒体与信息数据恰如运输产业中运输工具与运输货物的不可分离，没有货物，运输工具毫无意义；反之没有运输工具，货物也无法流动，同此，信息数据是媒介的内容，媒介是信息数据的运载体，辩证统一，获得意义。货运工具的技术水平及空间大小对于货物运载的数量和速度具有重要影响作用，运输信息数据的媒体技术水平和承载力也同样对信息数据传递的数量和速度至关重要。承载量巨大的现代媒体与传统媒体相比，在营造拟态环境中的作用自然也就更加强大。

一方面，互联网媒体技术的网状发散结构是对传统媒体信息流动线性结构的突破，实现了信息传播形态的革命，即互联网作为新媒体负载的信息流量更大，具有大数据的功能，使得危机信息传递更加透明和互补，且呈现出多样化、立体化、主动化和通俗化的表达方式，从而增加了信息的真实可靠性,特别是互联网技术为自媒体的形成提供了平台,而自媒体对于危机信息的互动和及时反馈提供了畅达途径。因此,现代媒体营造的网络拟态环境相对于传统媒体具有更加强大的技术支撑。

另一方面,现代媒体具有超越时空界限传递信息的功能。现代技术手段使得信息传递在空间上可以无明确的边界,在时间上也不受限制,24小时无间断传递信息,从而使得危机信息传递将更加快捷、更加真实、更加广泛地全面覆盖,即时发现、发布和传播信息,缩短传播时间、提高传播速度,摒除了传统媒体在传播信息过程中的时滞性。同时,互联网平台使得危机信息整合变得更加容易,信息传递的单位成本更低,信息传递的反复性和互动性更强,减弱了危机期间的信息不对称、信息不完全问题,同时降低了民众的信息搜索成本,因此使得现代媒体营造的网络拟态环境将更加立体化,更易于被受众接受。

总之,拟态环境的演变经历了从纸媒时代,到电子时代,再到互联网时代的革命式转变,依靠互联网所营造的"网络拟态环境"呈现出"加速度"特征,放大了拟态环境作用效应。

通过前述种种途径,显著地营造了这次全球卫生健康危机中的正拟态环境,充分发挥了媒体效能。

(三)正拟态环境对于全球卫生健康危机的作用路径与机理

数字媒体在全球卫生健康危机信息传递过程中所营造的正拟态环境的主要作用路径如下:

首先,正拟态环境会有利于人们形成危机的合理预期。全球卫生健康危机发生后,新闻媒体首先就会及时、连续地将其海量信息传递给受众,引起更为广泛的关注。由于现代媒体对于这些信息的传播是实时、同步、交互和反馈式的,使得信息传播在速度、范围和有效性上都大大提高,轻易即可营造出一种拟态环境。如果主流媒体所传递的危机信息具有正向性，就会形成正拟态环境，当每个个体沿着正拟态环境提供的线索来预测、估计、判断和解析卫生健康事件时，进而会形成关于危机的基本态度，又汇合为整个社会对于危机更加科学的理性预期。

其次，人们对于危机的合理预期有利于形成人们应对危机的积极行为。当人们基于正拟态环境形成合理预期之后，就会有所行动，即较为积极地投资和消费，加快整个经济的复苏，所以媒体的正拟态环境对于稳定人心，保障每个个体的行为更加理性和统一化具有重要作用。反之，一些国家媒体营造消极拟态环境，人们根据负拟态环境所形成的应对危机基本态度和行为便是非理性的，这样就会加深危机的程度，扩大危机的范围，使得经济难以复苏。

最后，人们应对全球卫生健康危机的整体行为会直接影响经济的走向。每个个体的应对危机态度会在社会层面体现出来，从而形成整体行为，直接影响危机的走向，或者好转或者更加恶化。如果媒体所营造的拟态环境是正面和积极的，当大多数人相信这一正拟态环境给出的信息及其解读，就会愿意遵从媒体的主导性建议来调整自己的行为而有利于缩短危机蔓延时间，缩小危机蔓延空间，保证经济复苏和不断向好。

正拟态环境对推动危机经济恢复和平稳运行的作用机理为：

首先，正拟态环境影响人们对于卫生健康危机期间和之后的信心指数，即拟态环境越积极，越具有正面导向，人们对于当下和未来经济的信心就越足，就会形成一个利好的经济预期。根据恩格尔-科拉特-布莱克威尔模式（EKB模式）对消费者行为的分析表明，消费者行为如何完全取决于消费者心理，它是消费者的"中央控制器"。消费者将外部信息输进"中央控制器"，并将输入内容与"插入变量"（态度、经验及个性等）相结合，运算出结果即购买决定，由此完成一次购买行为。因此,当人们依据正拟态环境形成了对于消费或者投资较为乐观的态度,就会促进人们的消费和投资,而消费和投资是拉动经济的最重要的两大因素,从而也就推动了经济增长,而经济增长与发展则是社会稳定的基础。

其次,拟态环境与人们的信心指数以及卫生健康危机之间并不是单纯的线性关系,而是非线性的交互关系。一方面,拟态环境可以直接影响信心指数,即直接反映人们对未来经济走势的预期和信心,如消费者信心指数和股票指数的变化就是人们信心和预期变化的最直观反映;另一方面,人们对于卫生健康危机的信心和预期也会直接影响经济的平稳发展和有秩序恢复,而这些经济状况又会反映到拟态环境中,拟态环境又会进一步影响人们对于危机经济信心和经济的发展。如果拟态环境是积极和正面时,人们的信心指数以及经济预期也较为乐观,人们消费和投资的意愿就会较强,整个经济也会向好,而通过新闻媒体将这些利好的信息传递出来就会营造出正拟态环境。这是一个良性循环的过程,反之亦然。因此,从这个意义上分析,正拟态环境也是帮助经济加快走出低谷,迅速恢复并平稳发展的重要影响因素。

再次,传媒所营造的正拟态环境在重大卫生健康危机下,对于经济的影响作用力度更强。一是在危机期间人们的预期更加依赖新闻媒体信息,正拟态环境的作用效果就越强。二是在危机期间人们对于媒体信息的反应更加敏感,因此,正面或者负面的拟态环境具有加速度的效应。如负拟态环境致使信心指数跌幅更大,波动更加剧烈。三是在危机期间人们的"从众心理"和"羊群效应"作用也凸显,当通过正拟态环境广而告之后,人们就会遵从大多数人的理性选择。四是在危机期间,负面信息的作用较大,因此,有选择、有轻重地传递危机信息所营造的拟态环境总会转移人们对于负面信息的注意力,增加信心指数,从而帮助经济迅速复苏。

三、 数字媒体在卫生健康危机过程中正拟态环境作用的数据检验

媒体所营造的正拟态环境对于人们关于危机信心提升的重要作用也可以量化分析。经济学有一个量化人们信心强弱程度的指标，即信心指数。最初是巴隆(Barron)运用债券市场数据计算出来的，主要是综合反映并量化人们对当前形势评价和对其前景预期以及心理状态的主观感受，并预测未来事件走势和变化趋向的一个先行指标。简言之，就是对人们在某些事件中表现出来信心程度的测度。

媒体所营造的拟态环境就是通过影响人们对于某些重大事件的信心程度来作用于事件本身，因此，拟态环境应是影响人们信心指数的重要因素，正拟态环境可以提升人们的信心指数，而负拟态环境则将降低信心指数，加剧恐惧与焦虑，也会引发整个社会的心理恐慌与崩溃。

在重大危机期间，由于人们对于这些事件的心理恐慌程度较高，往往信心指数波动较大。如2001年美国经济受"911"事件影响进入衰退期，消费者的信心严重受挫，密歇根大学调查研究中心(SRC)会议委员会当年对全美5000个家庭的抽样调查结果显示，美国消费者信心指数到11月止连续5个月下跌，达到自1994年2月以来最低的82.2%。又如2008年由美国次贷危机引发的全球危机爆发后，消费者信心指数也伴随下降。以美国为例，信心指数持续下降，一直到2009年3月在救市政策的影响下才开始回升。股票指数则是投资者信心的最直接表现之一，如果股市投资者对经济持乐观态度，则会选择投资股市，而股票交易额和股票指数也会随之上涨；反之，投资者则会大量抛售股票，造成股市的崩盘甚至是熔断。自股票交易所诞生以来，每一次经济或

社会危机都会对股票市场造成直接的负面影响。2008年次贷危机,美国股市从2007年10月开始一路下跌,截至2008年11月的一年多时间里,道琼斯指数从14279点跌至最低7800点附近,跌幅约45%。

人类卫生健康危机在全球蔓延的过程中,媒体所营造的拟态环境对于人们信心的影响作用,也可以通过一些数据反映出来。

（一）正拟态环境数据检验

就正拟态环境来分析,根据我国在2020—2021年的新闻报道数据分析可见,我国媒体关于全球卫生健康危机的报道中用词中性,既涵盖了对全球卫生健康危机的客观描述,科学地普及了全球卫生健康危机形成机理、扩散能力、预防手段,有效地保证了公众理性认知卫生健康危机对生命健康的危害,纠正了常见的错误理解,又涵盖了中国应对危机的积极举措。因此在我国主要搜索引擎百度上,类似死亡、危机的搜索热度虽然在后期也有所上升,但是在相当长的时期都处于比较平稳的状态并未达到峰值,见图4-1。可见,中国媒体舆论在面对全球人类健康危机时,媒体报道营造出了客观、正面、理性的拟态环境,稳定了公众的恐慌情绪。

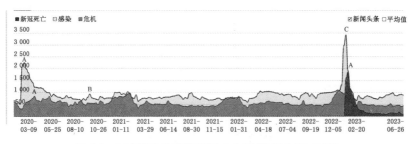

图4-1　百度搜索热度随时间变化图(数据来源:百度)

对比同一时期美国相关新闻标题和正文的词云图,总体来看新闻中关于全球卫生健康危机的用词出现了高频的负面意味的词语,例如crisis(危机)、fears(担心)、severe(严重的)、deaths(死亡)等词语。特别是在 2020 年 3 月，全球卫生健康危机的初期，在美国的主要搜索引擎谷歌上，上述概念的搜索指数都在此时达到峰值，见图 4-2。从而，形成了一个相对悲观的舆论环境，从而也加大了民众的心理恐慌和崩溃的可能性。

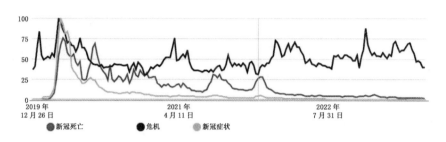

图 4-2 谷歌搜索热度随时间变化趋势（数据来源：谷歌）

（二）信心指数数据检验

就信心指数来分析，媒体舆论的不同导向，造就了人们面对卫生健康危机的不同心理状态，经济也在这种不同情绪的催化中出现了不同的走向。美国在全球卫生健康危机发生的当年初，消费者信心指数从该年 2 月的 101 点降到 3 月的 89.1 点，而股票指数的更是创 10 天 4 次熔断的历史记录，道琼斯指数相比 2 月的历史高点，也在 24 天跌了 10000 点。这些信心指数的公布一方面反映出美国对于危机信心较弱，同时也透露出其背后即国家主流媒体所营造的拟态环境的消极性，使人们信心不足，加重了投资者和消费者的悲观情绪，令经济进一步下滑，以致人们更恐慌，社会也更不稳定。

我国则有所不同，在同时期，由于新媒体形成的正拟态环境，大幅提升国人的信心指数，从而避免了社会恐慌，表现在投资信心指数方面，其下降幅度较小，如沪指虽然在新年之后第一次开盘的 2 月 3 日下跌 229.92 点，但在第二天就开始上扬，封盘时上涨 36.68。之后沪指虽有起落,但变动幅度都在合理区间之内,并没有大幅动荡的症状。深指也是如此,2月3日年后第一次开盘下跌902.24点,2月4日即上涨310.00点。

(三)实际经济数据检验

从实际经济数据比较分析可见,2020—2021年期间,中国的消费者信心指数整体高于欧美、亚洲主要国家,虽然存在一定的波动,并在2020年6月下落到最低点101.38,但是相较其他国家能够更快地恢复到疫情前的水平,截至2021年底,中国消费者信心指数103.47已经非常接近2019年底的104.88。但是同一时间美国的消费者信心指数97.90依然低于2019年底的101.60(见图4-3)。中国的投资者信心指数的变动也比较平稳,最低水平出现在2020年3月,相较于2019年12月的高点下降了15%,不过在此之后一直有浮动上升的趋势,2020年下半年已经逐步恢复到原先的信心状态了。

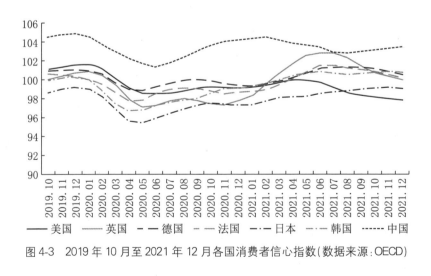

图4-3　2019年10月至2021年12月各国消费者信心指数(数据来源:OECD)

与此相对应的则是美国、欧洲和亚洲的一些发达国家投资者信心指数出现大幅下跌,例如美国的投资者信心指数从2020年2月的20.3骤降到2020年4月的−39.13(见图4-4),信心的不振也使得美国的股票价格指数出现了比较明显的下降，由2020年2月的128.69下降到2020年3月的100.46，下降幅度21.94％，当月9日、12日、16日、18日连续8个交易日内美国股市出现4次熔断，道琼斯工业指数跌幅达到7.8％、10.0％、12.9％、6.3％，而由于中国政府所营造的正拟态环境，使得中国的股票价格指数一直较为平稳，在发达国家股票价格指数明显波动的2020年2—3月，中国的股票价格指数也只是从79.21变为77.16，下降幅度为2.59％，之后基本保持稳步上升的趋势（见图4-5）。

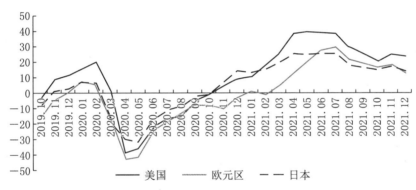

图 4-4　2019 年 10 月至 2021 年 12 月各国投资者信心指数
（数据来源：Sentix 投资信心指数）

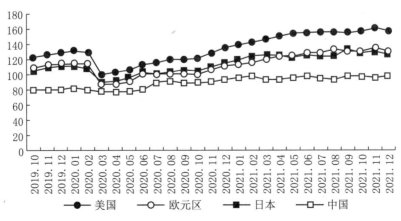

图 4-5　2019 年 10 月至 2021 年 12 月各国股票价格指数（数据来源：OECD）

这些数据不仅从量化指标反映出,在一定阶段,正拟态环境对于我国应对危机蔓延的正面效应,同时也表明正拟态环境也对我国社会经济有序运行,社会稳定的积极作用。从国家战略层面来看,防止危机蔓延仅是我国的阶段性目标,迅速恢复经济,保持人们正常生活和社会生产顺利进行才是社会稳定的根基,因此,媒体所营造的拟态环境提升人们信心指数的更为深刻的意义在于促进人们对于未来经济合理预期,以推动整个经济复苏和持续发展。

第五章

尾论：数字媒体与数字媒体命运共同体研究

一、 数字命运共同体是命运共同体的重要内容

（一）命运共同体是一个系统的思想体系

命运共同体思想是习近平新时代中国特色社会主义思想的重要内容，是一个具有多重维度的系统性理论框架，其中以"人类命运共同体"为核心，并延伸出"人与自然生命共同体""人类卫生健康共同体""网络空间命运共同体""数字命运共同体"等多个层次。

关于"人类命运共同体"的思想。习近平总书记在 2014年 7 月 16 日，在巴西国会的演讲上明确提出，"倡导人类命运共同体意识，在追求本国利益时兼顾他国合理关切"①。之

---

① 习近平：《弘扬传统友好　共谱合作新篇——在巴西国会的演讲》，新华网 2014 年 7 月 17 日。

后习近平总书记在国际活动中和国内会议上多次强调其重要价值,认为"当今世界,各国相互依存、休戚与共。我们要继承和弘扬联合国宪章的宗旨和原则,构建以合作共赢为核心的新型国际关系,打造人类命运共同体"①,"各国人民同心协力、携手前行,……共创和平、安宁、繁荣、开放、美丽的亚洲和世界"②,进而提出实现命运共同体要秉承"四个坚持"原则,即"坚持各国相互尊重、平等相待,坚持合作共赢、共同发展,坚持实现共同、综合、合作、可持续的安全,坚持不同文明兼容并蓄、交流互鉴"③。在党的十九大进一步提出要"坚持和平发展道路,推动构建人类命运共同体"④。此后也多次重申这一思想,指出"中国坚持共同、综合、合作、可持续的新安全观,愿以更加开放的姿态与各国同心协力,以合作促发展、以合作促安全,推动构建人类命运共同体"⑤。在党的十九届四中全会中进一步重申要"坚持和完善独立自主的和平外交政策,推动构建人类命运共同体"⑥。

关于"人与自然生命共同体"思想。这一思想是从习近平总书记2013年提出的"山水林田湖是一个生命共同体"演化而来的,他认为"山水林田湖是一个生命共同体,人的命脉在田,田的命脉在水,水的命脉在山,山的命脉在土,土的命脉在树"⑦。"要用系统论的思想方法看

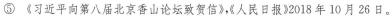

① 习近平:《携手构建合作共赢新伙伴　同心打造人类命运共同体——在第七十届联合国大会一般性辩论时的讲话》,《人民日报》2015年9月29日。
② 习近平:《开放共创繁荣,创新引领未来——在博鳌亚洲论坛2018年年会开幕式上的主旨演讲》,《人民日报》2018年4月11日。
③ 习近平:《迈向命运共同体,开创亚洲新未来——在博鳌亚洲论坛2015年年会上的主旨演讲》,《人民日报》2015年3月29日。
④ 习近平:《决胜全面建成小康社会,夺取新时代中国特色社会主义伟大胜利——在中国共产党第十九次全国代表大会上的报告》,《人民日报》2017年10月18日。
⑤ 《习近平向第八届北京香山论坛致贺信》,《人民日报》2018年10月26日。
⑥ 《中共第十九届四中全会在京召开》,《人民日报》2019年11月1日。
⑦ 习近平:《关于〈中共中央关于全面深化改革若干重大问题的决定〉的说明》,《人民日报》2013年11月16日。

问题,生态系统是一个有机生命躯体,应该统筹治水和治山、治水和治林、治水和治田、治山和治林等。"①"建设生态文明,首先要从改变自然、征服自然转向调整人的行为、纠正人的错误行为。要做到人与自然和谐,天人合一。"②在党的十九大将上述思想明确为"人与自然生命共同体",指出"坚持人与自然和谐共生。建设生态文明是中华民族永续发展的千年大计。必须树立和践行绿水青山就是金山银山的理念,坚持节约资源和保护环境的基本国策,像对待生命一样对待生态环境,统筹山水林田湖草系统治理,实行最严格的生态环境保护制度,形成绿色发展方式和生活方式,坚定走生产发展、生活富裕、生态良好的文明发展道路,建设美丽中国,为人民创造良好生产生活环境,为全球生态安全作出贡献"③。

关于"人类卫生健康共同体"思想。该思想在 2020 年 3 月习近平总书记致电法国总统马克龙时第一次提及,指出在全人类面对世界性公共卫生危机时要以合作的方式共同维护和促进人类的生命健康安全。同年 6 月,习近平总书记指出中国的责任和担当,即"要继续履行国际义务,发挥全球抗疫物资最大供应国作用,共同构建人类卫生健康共同体"④。2021 年 5 月在全球健康峰会上讲话中指出"要秉持人类卫生健康共同体理念,团结合作、共克时艰,坚决反对各种政治化、标签化、污名化的企图"⑤。强调用科学的态度对待大流行传染病等威胁人

① 中共中央文献研究室编:《习近平关于社会主义生态文明建设论述摘编》,北京:中央文献出版社,2017 年,第 56 页。

② 中共中央文献研究室编:《习近平关于社会主义生态文明建设论述摘编》,北京:中央文献出版社,2017 年,第 24 页。

③ 习近平:《决胜全面建成小康社会,夺取新时代中国特色社会主义伟大胜利——在中国共产党第十九次全国代表大会上的报告》,《人民日报》2017 年 10 月 18 日。

④ 《习近平主持专家学者座谈会强调 构建起强大的公共卫生体系 为维护人民健康提供有力保障》,《人民日报》2020 年 6 月 3 日。

⑤ 习近平:《携手共建人类卫生健康共同体——在全球健康峰会上的讲话》,《人民日报》2021 年 5 月 22 日。

类卫生健康的危机,树立命运与共的思维,打破借此政治操弄的意图。2022 年 1 月,习近平总书记在世界经济论坛视频会议上重申各国要加强抗疫合作,积极开展药物研发合作,加快建设人类卫生健康共同体[1];并支持提供疫苗等全球公共产品,支持疫苗知识产权豁免,发展疫苗合作生产等措施,以实际行动推动完善全球公共卫生治理,凸显人类卫生健康共同体思想的重要性。

关于"网络空间命运共同体"思想。这一思想于 2015 年第二届世界互联网大会上首次基于互联网空间的角度提出,习近平总书记强调互联网是人类的共同家园,各国应该共同构建网络空间命运共同体,推动网络空间互联互通、共享共治,为开创人类发展更加美好的未来助力,并提出五点主张,第一,加快全球网络基础设施建设,促进互联互通;第二,打造网上文化交流共享平台,促进交流互鉴;第三,推动网络经济创新发展,促进共同繁荣;第四,保障网络安全,促进有序发展;第五,构建互联网治理体系,促进公平正义。之后在 2016 年第三届世界互联网大会上再次提出,"互联网发展是无国界、无边界的,利用好、发展好、治理好互联网必须深化网络空间国际合作,携手构建网络空间命运共同体"[2]。为此,2019 年第六届世界互联网大会将主题定为"智能互联开放合作——携手共建网络空间命运共同体"。在全球卫生健康危机期间,中国共产党关于网络命运共同体的思想更加具体化,中央多次强调网络命运共同体不仅是凝聚全国人民的关键,也是团结世界人民的重要途径。但是网络世界信息纷繁复杂,因此也需要政府对其进行监督和管理。2020 年 9 月我国发起的《全球数据安全倡议》,在这个

---

① 习近平:《坚定信心 勇毅前行 共创后疫情时代美好世界——在 2022 年世界经济论坛视频会议的演讲》,《人民日报》2022 年 1 月 18 日。

② 习近平:《集思广益增进共识加强合作 让互联网更好造福人类》,《人民日报》2016 年 11 月 17 日。

倡议中,不仅为制定全球数据安全规则提供了蓝本,而且蕴含着各国要携手努力、共同打造数字命运共同体的思想。之后,在 2021 年的世界互联网大会,习近平总书记明确指出,"让数字文明造福各国人民,推动构建人类命运共同体"①。

以上可见,命运共同体已经成为一个系统化的思想体系,一是从人类命运这一最根本的层面出发确立命运共同体核心体系。如习近平总书记从人类整体视角指出各国相互依存、休戚与共,你中有我,我中有你。二是从人类生存的条件这一重要层面完善命运共同体体系内涵。如习近平总书记从人与自然的角度指出人的命脉在田,而生态系统是一个有机整体,田、水、山、土、树等命运连接在一起。三是从人类生存的根本这一关键层面延伸命运共同体的重要内容。如习近平总书记从生命健康的意义角度强调了人民至上,生命至上,必须把人民生命安全和身体健康放在突出位置。四是从人类通过技术进步构建的网络层面来强化命运共同体体系逻辑,如习近平总书记从互联网角度指出:"互联网是人类的共同家园",可以"互联互通、共享共治",也是"人类发展更加美好的未来助力"②。这样,命运共同体话语体系各部分均围绕着"人类"这一关注点,相互之间有着密切的联系和不可分离性,形成一个有机体系。

（二）数字命运共同体是网络命运共同体的思想延伸

如前所述,"互联网空间命运共同体"是习近平新时代中国特色社会主义经济思想的重要内容,它最初是从互联网这个角度提出的,其思想内涵非常丰富。为此,理论界也作出了较为充分的探讨。

---

① 《习近平向 2021 年世界互联网大会乌镇峰会致贺信》,《人民日报》2021 年 9 月 27 日。

② 习近平:《习近平出席第二届世界互联网大会开幕式并发表主旨演讲》,《人民日报》2015 年 12 月 17 日。

　　学界对网络命运共同体的研究主要聚焦于三个问题：一是对于网络命运共同体的理论内涵的研究，二是对于网络命运共同体的理论渊源的梳理，三是对于网络空间命运共同体的具体实践的分析。

　　首先，一些学者认为网络具有的互联、互通、互动等特性，使得在网络空间内各国之间存在紧密的联系，责任共担、利益共享（陈健和龚晓莺，2017）。"作为十八大以来以习近平同志为核心的党中央治国理政新理念、新思想、新战略的重要组成部分，网络空间命运共同体思想的内容在于平等尊重、创新发展、开放共享、安全有序四个方面，并具有丰富的理论意蕴和包容开放性、共建共享性、实践创新性等特征，对人类文明进步、国际互联网体系治理以及中国国际话语权提升都具有十分重要的现实价值与历史意义。"（林伯海和刘波，2017）

　　其次，大多数学者认为网络空间命运共同体是对人类命运共同体在互联网领域的延伸。随着命运共同体思想的不断发展，被应用于越来越多的领域当中。网络空间作为第三次科技革命和信息化浪潮的产物，是人类共同活动领域的新拓展，而且由于网络空间命运共同体与人类命运共同体具有相同的主题、核心价值、活动领域，因此可以将人类命运共同体的思想应用到网络空间命运共同体中来（惠志斌，2017；蔡翠红，2017）。此外也有一些学者指出，网络空间命运共同体是不可逆的网络化时代的必然方向，网络化改变了人们的生活方式，打破了时间和空间对人类活动的拘束，形成了你中有我，我中有你的网络关系，这些都推动了网络命运共同体的形成与发展（蔡翠红，2017；张绍荣，2017）。

　　最后，一些学者对网络空间命运共同体的构建原则以及中国实践进行研究。他们认为坚持共享理念是构建网络空间命运共同体的核心理念，尊重网络主权是保障网络空间命运共同体运行的原则，构建协商交流机制是维护网络空间命运共同体稳定和谐的机制（阚天舒和李虹，2019）。也有学者指出可以将网络空间命运共同体的思想应用到"一带一路"建设中来,通过网络治理维护各国网络主权,坚持主权平等构建网络空间共治权力,形成网络共治的国际法准则,建立各国对网络空间共同利益的机制体制,并且中国应加快网络技术进步,打破西方对网络技术的霸权,实现平等互利的网络空间(陈健和龚晓莺,2017)。

随着数字技术的发展和应用,全球经济发展已进入数字时代,因此,数字安全的问题也提升为全球各国都面临的重要问题。为此,2020年9月我国发起《全球数据安全倡议》,围绕各国要携手努力、共同打造数字命运共同体这一主题,阐明要"让数字文明造福各国人民,推动构建人类命运共同体"。数字命运共同体作为网络空间命运共同体的延续思想被学界所关注。

理论界认为,网络空间的内涵主要侧重于经济活动中的流通环节以及日常生活中的社交活动,难以完全概括数字时代人类社会生产、生活的空间特征,同时,产业数字化和数字产业化的深化使得大国空间竞争呈现出不同于网络时代的数字竞争逻辑,仅从网络空间视角难以准确把握大国数字空间竞争的新特征,因此,数字命运共同体可以更好地表达基于技术视角的命运共同体内涵。此后,理论界关于数字命运共同体的研究也不断丰富。

现有关于数字命运共同体的研究,主要集中于其内涵、意义以及构建路径三个层面。

1. 数字命运共同体的内涵

一是从数字技术视角,强调数字命运共同体是依托先进的数字技术而搭建起来的覆盖全球的数字交往网络,并将全世界各国、各民族、各国人民纳入其中,形成全人类相互联系、互动联通、命运与共的共同体体系,是数字技术发展的必然产物(李鸿旭,2023)。

二是从人类命运共同体视角,强调数字命运共同体与人类命运共同体的全人类性、未来性、共有性和共同性高度契合,是人类命运共同体的重要内容,也是衡量人类命运共同体建构的重要指标(李泉,2021)。

三是从数字技术与人类命运共同体相结合的视角,强调数字命运共同体是人类命运共同体理念在数字时代的具体表现与进一步延伸(黄浩然和陈鹏,2021;李亚琪,2022;刘皓琰等,2023),是人类命运共同体的数字化形态表现(罗理章和李鸿旭,2024),是数字化时代全球数字治理更加平等、发展更具包容性、发展机遇更加公平的共同体(黄浩然和陈鹏,2021),是在数字信息技术与数字经济蓬勃发展基础上形成的更具公平性、互惠性的共同体(李亚琪,2022)。

四是从伦理学的视角,强调数字命运共同体中丰富的伦理蕴涵和伦理价值。就伦理蕴涵而言,数字命运共同体中体现着开放融通、互利共赢的共同伦理信条,权利平等、机会平等、规则平等的国际关系伦理,科技创新与绿色发展融合的技术伦理观念,对构建人类命运共同体的伦理价值目标的追求(罗理章,2022)。就伦理价值而言,数字命运共同体以构建和平发展的数字发展共同体为价值尺度,以寻求公正合理的数字治理共同体为价值诉求(李鸿旭,2023)。

2. 数字命运共同体的作用

一是数字命运共同体对人类命运共同体的理论与现实作用。就理论作用而言,数字命运共同体是对人类命运共同体的价值赓续与理念传承,是对人类命运共同体的发展与升华(李鸿旭,2023)。就现实作用而言,数字命运共同体具有数字连通性、数字互惠性与数字调试性三大特征,对构建人类命运共同体具有重要意义(李泉,2021),极大拓展了人类命运共同体的构建路径(杨宇和罗理章,2022)与适用范围(李鸿旭,2023),数字命运共同体在经济、安全以及实践领域进行了多维融合与深度嵌入,从而助推人类命运共同体纵深发展(胡运海,2023)。

二是数字命运共同体对全球数字治理的作用。构建数字命运共同体是应对全球数字治理难题的现实使然,其一,数字命运共同体有助于

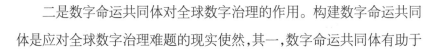

充分发挥数字经济的优势,实现数字经济可持续发展,营造良好的数字生态环境(黄浩然、陈鹏,2021)。其二,数字命运共同体旨在破除数字领域的单边主义、霸权主义、强权政治,强调多边主义、平等共商、合作共赢,有助于破解数字霸权(罗理章,2023)。其三,数字命运共同体的根本要义是普惠,反对平台寡头及其垄断,强调数据共享,在抑制数字平台垄断(胡运海,2023)和破除数字垄断(罗理章,2023)中发挥重要作用。其四,数字命运共同体旨在加强数字信息技术国际交流,扩大数字信息基础设施全球落地,实现优势互补、联动发展,自觉主动分享数字知识产权,这对于数字鸿沟的弥合起着重要作用(胡运海,2023)。其五,数字命运共同体关注技术向善,有利于摒除资本对人类社会的腐蚀,以数字技术增进人类福祉,是破解数字异化的有效途径(罗理章,2023)。

三是数字命运共同体对全球经济发展、安全、人类文明新形态的作用。其一,构建数字命运共同体契合数字经济的自身发展规律,所形成强大的生产能力、要素聚合能力、产业融合能力有助于为世界经济发展注入新动能,提供走向经济复苏繁荣的新路径。其二,构建数字命运共同体符合人类社会的长远利益,能够最大限度凝聚成消解数字安全风险的合力,有效维护信息主权和国家安全、应对和化解全球公共卫生危机、保障全球数字市场安全。其三,构建数字命运共同体从根本上突破了数字技术的资本主义关系框架,从而有助于实现人类对技术的真正驾驭,而不再让技术异化人类,提升人们的生活质量(徐昕等,2023)。

四是数字命运共同体有助于促进"数字中国"战略目标的实现。在发展愿景和发展目标方面,数字命运共同体与"数字中国"相契合,促进"数字中国"战略目标落地生根(胡运海,2023)。

3. 构建数字命运共同体的具体对策及可行路径

一是从数字公共领域与私人领域两个方面着手,在数字公共领域内需要建立明晰的监管法律条例,提升数字个体隐私保护力度、明确算法的适用界限,加强算法设计的人文关怀、强化平台监督与管理,防范平台权力滥用;在数字私人领域内辨别虚实,预防认知错位、找回社会角色,提升自我认同、倡导理性思考,弘扬数字理性(胡运海,2023)。

二是加强数字经济、数字治理、数字文化、数字社会等方面的国际合作、交流与共享,推进数字经济共同体、建设数字治理共同体、塑造数字文化共同体与倡导数字社会共同体(徐昕等,2023)。

三是从参与全球数字治理,营造"开放、安全、健康"的数字生态入手,强调各国要深化网络人文交流,促进民心相通,营造开放的数字生态;完善数字规则体系,保障网络安全,营造安全的数字生态;增强数字综合实力,弥合数字鸿沟,营造健康的数字生态(黄浩然、陈鹏,2021)。

四是从机制完善、规则制定、基础设施建设、文化交流等方面着手,需要完善全球数字治理多边机制、推动全球数字治理规则制定、注重全球数字基础设施建设、促进全球数字文化交流互鉴,以此凝聚全球数字治理合力,共谋全球数字治理之道,携手打造数字命运共同体(罗理章,2023)。

二、 数字媒体肩负构建数字命运共同体的重要使命

(一)数字命运共同体与数字媒体

首先,数字本身是一种技术,在马克思主义逻辑中,技术也是一种关系,特别是互联网数字技术,其技术的关系性体现得更加充分。

所谓数字技术关系,就是各技术要素之间的相互依存、相互影响、相互制约的联系,这种关系集中表现在各种数字要素相互的联系性上。就现有数字技术关系来看,它已经成为数字技术等一系列技术进步的关键。在数字经济背景下,只有大量的数据作为支撑,才使得信息技术和互联网超越了技术层面,成为一场超越传统经济的革命。就广义而

言，在"数字化"驱动为代表的 1.0 时代，到以"数据化"驱动为代表的 2.0 时代，再到以"智能化"驱动为代表的 3.0 时代中，就是数字技术进步的过程，它们只是以不同等级的数字化为驱动力。人工智能也是通过数字技术这种"新能源"支撑才不断进化生成。譬如"阿尔法狗"，就是直接用人类高手的 3000 万个对局训练并自动调节其神经网络参数，使其行为和人类高手接近，这 3000 万个对局就是海量的数字过程。互联网技术更是通过对数据的记忆、整合、分析、整理过程中实现自我进化，如果没有足够的高质量数据，互联网技术也不会像今天这样强大。可见数字，以及数字的进化是这场技术革命的关键因素之一。

其次，数字不仅是一种数字技术关系，在本质上则是一种社会经济关系。

马克思认为，社会经济活动的本质是社会经济关系，即人与人之间相互依存、相互影响、相互制约的联系，而数字技术背景下的社会关系就是通过数字技术联系起来的人与人的政治、经济、文化以及法律意义和社会学意义上的契约关系和社会交往关系等。数字技术的社会作用在于，它改变着整个社会生产、交换、分配和消费全过程，促使其发生深刻的变化。在社会生产过程中，数字改变了生产的方式，即数字在生产过程中几乎无成本地移动、复制、协作及其共享，这不仅加深了实体经济与数字经济的融合，也大大提高了生产力。在社会交换过程中，数字可以拓展市场交换的深度与广度，如数字具有的支付功能，使得交易更加方便与快捷，大数据也能够在一定程度上解决交换中信息不足的问题，极大地降低了交易成本。在社会分配过程中，数字技术能够超越社会资源的物理限制，进行跨时空的分解、整合，使之配置更加合理和有效率。海量数据也可以成为国家和个人分配的工具，使得分配关系更加透明、合理和便于监督。在社会消费过程中，数字技术对于社会消费活动也具有重大的影响，海量数据为消费者提供全方位的产品信息，使得人们的消费行为可以共享,消费模式更加个性化,甚至消费行为直接就成为生产过程,从而极大地推动了消费迅速扩张,同时消费者还可以通过消费信息来调整自己的消费结构和消费倾向,进而提高消费能力和水平。

因此,基于马克思主义逻辑来理解,数字技术要素的相互联系是一种通过社会关系表现出来的,以技术空间和社会空间统一体形式存在的虚拟空间。其虚拟性在于,它虽然是物质的,但却是看不见、摸不到的无形事物,是通过一组数据或者符号表现出来的,确切地说是"一组计算机程序的集合"(马艳等,2006)。因此,进一步说互联网是人类为自己重新建构了一个逻辑世界,它不仅将人类社会分为现实实体社会和数字虚拟社会,更为重要的是,它带来了人类社会的革命,即所有社会经济、政治、文化活动都要通过互联网才能完成,即人类社会如果没有数字,就像离开阳光、水和电等自然资源一样无法进行生产与生活。为此,数字命运共同体思想的根据也就在于此,它实际是人类命运共同体思想在数字空间的延伸与发展,人类利用所创造的虚拟世界载体来为自己服务的过程中,就将现实世界与虚拟空间连接了起来,形成一体化的命运载体。

再次,数字媒体是数字命运共同体的重要内容。

数字媒体本身是以数字技术为支撑的数字媒介,数字技术对于数字媒体的存在、运行以及效率具有重要的作用。也正是数字技术的出现使得媒体被区分为传统媒体与现代媒体。

数字媒体又是一种社会经济关系,媒体是连接社会各类经济主体和各种生产要素的中介和桥梁,从而成为社会经济关系重要组成部分。基于上述两个方面的原因,我们可以确定数字媒体也具有命运共同体的属性,提出数字媒体命运共同体的概念。

所谓数字媒体命运共同体主要是将数字媒体作为人类传递信息的

共同载体，各国应该共同构建数字媒体命运共同体，推动数字媒体互联互通、共享共治，为开创人类发展更加美好的未来助力。

数字媒体是人类传递各类信息的现代载体，从而形成全球信息链。经过40多年的高速发展和全球扩散，以互联网为代表的数字技术带来数字革命，人类宣布进入数字时代。在数字时代，以互联网作为信息互动传播载体的数字媒体对传统的印刷媒体和广播电视媒体等进行了全方位的融合和覆盖，数字报纸、电子书、数字电视、数字音乐、数字影像等成为最新的信息呈现形式，智能手机等智能终端成为最新的信息获取工具，短视频平台、数字社交软件等成为最新的信息交流方式，算法、人工智能软件如ChatGPT、Deepseek成为最新的信息获取方式，而虚拟现实空间、元宇宙成为最新的活动空间。在这一系列的变化加持下，人类的信息传递和交互也呈现数字化和虚拟化的特点，并通过互联网空间形成了全球的信息链。

数字媒体具有超时空性，可以在全球延展，从而形成全球化媒体空间。数字媒体的虚拟性造就了它的超时空性，在数字虚拟空间下，人们可以随时随地获取信息，并与他人进行交流和交互。随着人工智能技术的进一步发展，数字虚拟空间持续延展，直接映射到人类现实生活空间内，从而形成全球化数字媒体空间。

数字媒体可以共建共享，从而形成全球的媒体联合体。以互联网为代表的数字技术的核心特点就是它的去中心性和共享性，这里的共享性不仅是将信息作为公共产品的共享，还包括掌握数字技术的人员可以在互联网空间上对各种开源平台和开源技术进行共同开发。因此数字媒体具有共建和共享特点，从而能够集合全球网民，形成全球化的数字媒体联合体。

（二）数字媒体肩负构建数字命运共同体的责任

数字媒体命运共同体虽然是数字命运共同体的延伸与展开，但是，数字媒体本身并不是人类社会的本质,只不过是人类自己创造的用于发展自己的手段或者媒介载体。因此,从这个意义上讲,我们可以利用数字媒体这个全球命运共同体来推进人类命运共同体的践行。

首先,命运共同体思想体系不仅是一种理念,而且还具有较强的实践性,其中数字媒体将有所作为。

从原则上看,命运共同体话语体系的实践性主要沿着"共商"—"共识"、"共建"—"共担"、"共赢"—"共享"逻辑线索展开,通过"价值共同体""责任共同体""利益共同体"三个核心落点而逐步完成的。其中,"共商"—"共识"是其重要前提,如果无法通过共商达成共识,也就无法实现"共建""共担"乃至"共赢""共享"。

因此,通过"共商"建立起"价值共同体"以达成应对各种全球问题的"共识"是人类命运共同体践行的重要条件。治理全球经济、生态、卫生健康危机,消除数字空间安全威胁等问题需要全球各国协商来形成合作的基本方案。一方面"共商"与"共识"需要世界各国对于未来发展方向有共同价值观念。这一价值理念关乎人类命运走向具有"共同体"的意蕴,具有可执行的意义和可能。另一方面"共商"形成价值共同体。习近平总书记指出:"协商是民主的重要形式,也应该成为现代国际治理的重要方法,要倡导以对话解争端、以协商化分歧。"[1]"各国历史文化和社会制度差异不是对立对抗的理由,而是合作的动力。要尊重和包容差异,不干涉别国内政,通过协商对话解决分歧。"[2]可见,协商取代战争、冲突、强制命令等手段,成为各国之间交往的主要方式之一。在新兴国家不断崛起、全球交往急剧增多、全球化仍是较为主流的趋势

① 习近平:《携手构建合作共赢新伙伴 同心打造人类命运共同体——在第七十届联合国大会一般性辩论时的讲话》,《人民日报》2015 年 9 月 29 日。
② 习近平:《让多边主义的火炬照亮人类前行之路——在世界经济论坛"达沃斯议程"对话会上的特别致辞》,《人民日报》2021 年 1 月 26 日。

背景下，"共商"有其存在性的必要性。同时，"共商"不回避全球各国之间的客观差异性以及历史遗留下来的种种冲突和矛盾，以及在旧秩序上还在不断产生的新分歧，更强调在全球共同面对的问题上有追寻的价值公约数，即反映绝大多数国家和地区的普遍诉求，以此形成利益的契合点，即形成"价值共同体"。

通过"共商"如何达成"共识"？其中有个重要环节就是需要全球各个利益主体进行不断的沟通。习近平总书记指出，世界各国应该"围绕全球治理、可持续发展、应对气候变化、网络安全等全球性问题和热点问题加强沟通和协作……加强对话"[1]。也就是说，在构建人类命运共同体的过程中若出现争端和分歧，世界各国人民应该"同心协力，构建人类命运共同体……相互尊重、平等协商……坚持以对话解决争端、以协商化解分歧……同舟共济，促进贸易和投资自由化便利化，推动经济全球化朝着更加开放、包容、普惠、平衡、共赢的方向发展"[2]。

如何加强沟通，形成对话？数字媒体肩负着重要使命。媒体的一个重要作用就是作为联系各类利益主体的桥梁和纽带，为相互联系、交流思想提供载体。在数字时代，数字媒体的桥梁和纽带作用更为凸显，这是因为数字媒体可以突破时间和空间的限制，使人们在数字空间内随时随地交流与沟通。尤其随着人工智能和信息识别技术的进步，语言不通这一主要沟通障碍也逐渐被克服，如一些翻译软件已经实现了实时翻译与实时语音转换等功能。相信在不久的将来，翻译功能内嵌于社交软件也可实现，彼时全球范围内、即时、无障碍交流将进一步成真。在思想交流和信息沟通方面，数字媒体使得全球化和地球村得以

① 习近平：《努力构建携手共进的命运共同体——在中国-拉美和加勒比国家领导人会晤上的主旨讲话》，《人民日报》2014 年 7 月 19 日。
② 习近平：《决胜全面建成小康社会，夺取新时代中国特色社会主义伟大胜利——在中国共产党第十九次全国代表大会上的报告》，《人民日报》2017 年10 月 18 日。

完全实现,共商共识畅通无阻。

尽管"世界问题多得很、大得很,全球性挑战日益上升",但是"只能通过对话合作解决……同舟共济已经成为国际社会广泛共识"①,通过"共商"达成"共识"已成为构建人类命运共同体的重要途径。由此可见,数字媒体是践行人类命运共同体的基本途径之一。

其次,数字媒体对于治理数字命运共同体所面临的种种风险也具有重要作用。

习近平总书记强调:"世上没有绝对安全的世外桃源,一国的安全不能建立在别国的动荡之上,他国的威胁也可能成为本国的挑战。"②多种危机和问题的全球性蔓延表明,它们危害的不是一个国家的局部利益而是整个人类的根本利益,因此,全球治理是一荣俱荣,一损俱损的系统效应。正如习近平总书记所言,"平衡增长不是转移增长的零和游戏,而是各国福祉共享的增长"③。因此,世界各国在经济发展和国家安全等方面是紧密相关、祸福相依的命运共同体。

数字技术作为数字媒体的传递工具与信息具有不可分性。由于数字技术网状发散的结构对传统媒体信息流动的线性结构的突破,从而实现了信息传播形态的革命,即数字技术使得数字媒体负载的信息流量更大,具有大数据的功能,并具有较强交互性、透明性、实时性、跨时空性和去中心化等特点,也具有解决全球信息不对称、信息不完全以及降低民众的信息搜索成本等方面功能。因此,数字媒体在人类命运共同体践行过程中,信息传递将更加快捷、真实、广泛,对全球治理所面临

① 习近平:《在联合国成立75周年纪念峰会上的讲话》,《人民日报》2020年9月22日。
② 习近平:《共同构建人类命运共同体——在联合国日内瓦总部的演讲》,《人民日报》2017年1月20日。
③ 习近平:《共同维护和发展开放型世界经济——在二十国集团领导人峰会第一阶段会议上关于世界经济形势的发言》,《人民日报》2013年9月6日。

的威胁和种种风险具有重要作用。

一方面，数字媒体将提供海量的全球各类信息，各国会根据这些信息调整应对全球活动的对策，有利于形成人类命运共同体的"共建"。"共建"主要强调人类命运共同体是世界各国人民共同的愿景，需要世界人民共同构建。当各国都在较为完全的信息传递背景下，作出理性选择，会更利于全球和平和发展。习近平总书记指出，"和平与发展是时代主题，也是不可抗拒的历史潮流。面对人类面临的挑战，世界各国应该加强团结而不是制造隔阂、推进合作而不是挑起冲突，携手共建人类命运共同体，造福世界各国人民"①。

另一方面，在充分信息的途径下，一旦世界各国对于全球经济活动形成了理性预期，又直接决定了他们应对各类全球风险的行为，而当这些行为变成一种趋势，就会对全球各类数字风险的治理发生影响。

在国家理性认识主导下，我国数字媒体在全球经济活动中贡献了中国智慧和中国方案，发挥了重要作用。习近平总书记指出，"各国人民同心协力、携手前行，努力构建人类命运共同体"②，我们将不断贡献中国智慧、中国方案、中国力量。因此，在人类命运共同体践行过程中，各国也要利用数字媒体的互联、互通、互动等特性，利用数字媒体超越时空传播信息以及大数据的功能，治理全球面临的共同风险。

再次，数字媒体也肩负在全球范围内营造人类命运共同体正拟态环境的使命。

我国关于人类命运共同体的思想体系，就一定意义上而言是一种

---

① 习近平：《共抗疫情，共促复苏，共谋和平——在第三届巴黎和平论坛的致辞》，《人民日报》2020 年 11 月 13 日。

② 习近平：《开放共创繁荣，创新引领未来——在博鳌亚洲论坛 2018 年年会开幕式上的主旨演讲》，《人民日报》2018 年 4 月 11 日。

人类发展过程中的正能量和进步的力量。

　　中国共产党关于命运共同体、寻求人类共同利益和发展的思想在2011年颁布的《中国的和平发展》白皮书中就已有所体现。2012年12月5日,习近平总书记在会见外国人士时表示,"国际社会日益成为一个你中有我、我中有你的命运共同体"①。2013年3月,习近平总书记在访问坦桑尼亚时强调命运共同体思想在中非关系中的重要地位,他指出:"历史告诉我们,中非从来都是命运共同体,共同的历史遭遇、共同的发展任务、共同的战略利益把我们紧紧联系在一起。"②

　　此后,习近平总书记又多次在国际会议上强调人类命运共同体对于世界发展的重要作用。在2015年召开的博鳌亚洲论坛中,习近平总书记提出实现命运共同体要秉承"四个坚持"原则,即"坚持各国相互尊重、平等相待,坚持合作共赢、共同发展,坚持实现共同、综合、合作、可持续的安全,坚持不同文明兼容并蓄、交流互鉴"③。同年9月,他又在联合国总部发表重要讲话,他指出,"当今世界,各国相互依存、休戚与共。我们要继承和弘扬联合国宪章的宗旨和原则,构建以合作共赢为核心的新型国际关系,打造人类命运共同体"④。习近平总书记在博鳌亚洲论坛2018年年会开幕式上发表重要讲话,他指出,"从顺应历史潮流、增进人类福祉出发,我提出推动构建人类命运共同体的倡议,并同有关各方多次深入交换意见。我高兴地看到,这一倡议得到越来越多国家和人民欢迎和认同,并被写进了联合国重要文件。我希望,各国人

---

① 吴绮敏:《习近平同外国专家代表座谈时强调:中国是合作共赢倡导者践行者》,《人民日报》2012年12月6日。

② 习近平:《永远做可靠朋友和真诚伙伴——在坦桑尼亚尼雷尔国际会议中心的演讲》,《人民日报》2013年3月26日。

③ 习近平:《迈向命运共同体,开创亚洲新未来——在博鳌亚洲论坛2015年年会上的主旨演讲》,《人民日报》2015年3月29日。

④ 习近平:《携手构建合作共赢新伙伴　同心打造人类命运共同体——在第七十届联合国大会一般性辩论时的讲话》,《人民日报》2015年9月29日。

民同心协力、携手前行，努力构建人类命运共同体，共创和平、安宁、繁荣、开放、美丽的亚洲和世界"①。

在国内会议上，习近平总书记也多次强调中国在构建人类命运共同体中的重要作用，展现了中国推动人类命运共同体的信念感与使命感。2017 年 10 月 18 日，习近平总书记在党的十九大报告中提出，要"坚持和平发展道路，推动构建人类命运共同体"②。2018 年 10 月 25 日，在第八届北京香山论坛开幕式上，习近平总书记指出，"中国坚持共同、综合、合作、可持续的新安全观，愿以更加开放的姿态与各国同心协力，以合作促发展、以合作促安全，推动构建人类命运共同体"③。2018 年 12 月 18 日，在庆祝改革开放 40 周年大会上的讲话中，习近平总书记指出，"我们积极推动建设开放型世界经济、构建人类命运共同体，促进全球治理体系变革，旗帜鲜明反对霸权主义和强权政治，为世界和平与发展不断贡献中国智慧、中国方案、中国力量"。"必须坚持扩大开放，不断推动共建人类命运共同体。"④2019 年 10 月，党的十九届四中全会提出"坚持和完善独立自主的和平外交政策，推动构建人类命运共同体"⑤。在党的二十大报告中习近平总书记再一次强调"促进世界和平与发展，推动构建人类命运共同体"⑥。

① 习近平：《开放共创繁荣，创新引领未来——在博鳌亚洲论坛 2018 年年会开幕式上的主旨演讲》，《人民日报》2018 年 4 月 11 日。
② 习近平：《决胜全面建成小康社会，夺取新时代中国特色社会主义伟大胜利——在中国共产党第十九次全国代表大会上的报告》，《人民日报》2017 年 10 月 18 日。
③ 《习近平向第八届北京香山论坛致贺信》，《人民日报》2018 年 10 月 26 日。
④ 习近平：《在庆祝改革开放 40 周年大会上的讲话》，《人民日报》2018 年 12 月 19 日。
⑤ 《中共第十九届四中全会在京召开》，《人民日报》2019 年 11 月 1 日。
⑥ 习近平：《高举中国特色社会主义伟大旗帜为全面建设社会主义现代化国家而团结奋斗——在中国共产党第二十次全国代表大会上的报告》，《人民日报》2022 年 10 月 26 日。

可见,人类命运共同体思想是全球经济良性发展,提升人类福祉的号召力和凝聚力之源,凸显了人与人之间跨越国别、种族、文化、性别等差异的本质性联系,简洁有力地展示了人类平等的关系,凸显了人的重要性。它是一种人类进步的声音,是人类不断发展的力量。

媒体具有一定客观性,但是作为一种意识形态也具有鲜明的价值取向。媒体在一个社会中扮演着非常重要的角色,承担着监督内外部环境、引导舆论、信息传递、文化传承等多种功能。因此,媒体的价值取向的重要性不言而喻。现实生活中,媒体应该积极关注各种社会问题,在传递信息时,注重信息真实性、公正性和客观性,避免主观臆断、断章取义、过度渲染等问题,以避免引发社会负面情绪甚至是恐慌。只有始终保持正面、客观和积极向上的价值取向,才能取得公众的信任,所传递的信息也能被公众所接受,并以之指导自己的行为。

因此,我国数字媒体在全球信息传递过程中,必然在将我国关于人类命运共同体的思想向全球传递,不断营造出一种正拟态环境,张扬人类的正义的价值观和进步的力量。

Reference | 参考文献

[1]《马克思恩格斯全集》第 20 卷,北京:人民出版社,1971 年。

[2]《马克思恩格斯全集》第 46 卷(下册),北京:人民出版社,1980 年。

[3]《马克思恩格斯全集》第 6 卷,北京:人民出版社,1961 年。

[4]〔美〕埃里克·布莱恩约弗森:《第二次机器革命——数字化技术如何改变我们的经济与社会(中译本)》,蒋永军译,北京:中信出版社,2014 年。

[5]〔美〕保罗·拉扎斯菲尔德等著:《人民的选择》,唐茜译,北京:中国人民大学出版社,2012 年。

[6]〔美〕大卫·伊斯利等著:《网络、群体与市场》,李晓明等译,北京:清华大学出版社,2011 年。

[7]戴元光等:《传播学通论》,上海:上海交通大学出版社,2007 年。

[8]郭白莹、马艳:《网络虚拟价值的理论分析与实证检验》,上海:上海财经大学出版社,2011 年。

[9]〔加〕哈罗德·英尼斯:《传播的偏向》,何道宽译,北京:

中国人民大学出版社,2003年。

[10]〔美〕杰里米·里夫金:《第三次工业革命:新经济模式如何改变世界》,张体伟译,北京:中信出版社,2012年。

[11]〔美〕肯尼思·阿罗:《信息经济学》,何宝玉等译,北京:北京经济学院出版社,1989年。

[12]〔美〕库尔特·勒布等编:《斯蒂格勒论文精粹》,吴珠华译,北京:商务印书馆,1999年。

[13] 马克思:《资本论》第1卷,北京:人民出版社,2004年。

[14]〔加〕马歇尔·麦克卢汉:《传播工具新论》,叶明德译,台湾:台湾臣流图书公司,1978年。

[15]〔英〕佩蕾丝:《技术革命与金融资本》,田方萌等译,北京:中国人民大学出版社,2007年。

[16]〔美〕韦尔伯·施拉姆:《大众传播媒介与社会发展》,金燕宁等译,北京:华夏出版社,1990年。

[17]〔美〕沃纳·赛佛林等著:《传播理论》,郭镇之等译,北京:华夏出版社,1999年。

[18] 张晓群:《传播效率与经济增长》,北京:社会科学文献出版社,2009年。

[19] 周鸿铎:《传媒经济学教程》,北京:首都经济贸易大学出版社,2007年。

[20] 郭庆光:《传播学教程》,北京:中国人民大学出版社,1999年。

[21]〔美〕马克·波斯特:《第二媒介时代》,范静哗译,南京:南京大学出版社,2001年。

[22]〔美〕沃尔特·李普曼:《舆论学》,林姗译,北京:华夏出版社,1989年。

[23] 涂子沛:《大数据——正在到来的数据革命》,广西:广西师范

大学出版社,2012 年。

[24]〔美〕约瑟夫·斯蒂格利茨:《信息经济学》,纪沫等译,北京:中国金融出版社,2009 年。

[25] Albarran, A., *Media economics: Understanding Markets, Industries, and Concepts*. Iowa: Iowa State University Press, 1996.

[26] Bowen, H. R., *Social Responsibilities of the Businessman*. New York: Harper & Brothers, 1953.

[27] Innis, H., *The Bias of Communication*. Toronto: University of Toronto Press, 1991.

[28] Rothwell, R., W. Zegveld, *Reindustralization and Technology*. London: Longman, 1985.

[29] Shannon, E., W. Weave, *The Mathematical Theory of Communication*, Urbana, Illinois: The University of Illinois Press, 1949.

[30] Sheldon, O., *The Philosophy of Management*. London: Routledge, 2003.

[31] 李韵、邱国景:《新媒体对经济危机的影响及其实证研究》,《学术月刊》2010 年第 5 期。

[32] 李政、周希禛:《数据作为生产要素参与分配的政治经济学分析》,《学习与探索》2020 年第 1 期。

[33] 联合国:《2019 年数字经济报告》,http://www.cbdio.com/BigData/2019-09/11/content_6151158.htm, 2019 年 9 月 11 日。

[34] 洪银兴:《我国社会主义分配制度的显著优势》,http://ie.cass.cn/academics/thinktank_center/201912/t20191230_5066733.html, 2019 年 12 月 19 日。

[35] 逄锦聚:《发挥政治经济学学科优势 加强经济制度研究》,

《经济学家》2020 年第 1 期。

[36] 彭兴韵：《粘性经济学》，《经济研究》2011 年第 12 期。

[37] 王婷：《将分配制度上升为基本经济制度高度的重大意义》，《红旗文稿》2019 年第 24 期。

[38] 谢伏瞻等：《完善基本经济制度 推进国家治理体系现代化——学习贯彻中共十九届四中全会精神笔谈》，《经济研究》2020 年第 1 期。

[39] 张宇：《社会主义基本经济制度是党和人民的伟大创造（深入学习贯彻党的十九届四中全会精神）》，《人民日报》2020 年 1 月 10 日。

[40] 郑夕玉：《互联网时代我国数字经济发展策略研究——基于美国和欧盟发展经验的启示》，《西南金融》2019 年第 12 期。

[41] 白旻、王仁祥：《企业社会责任如何影响企业持续创新》，《中国科技论坛》2020 年第 1 期。

[42] 曾庆生：《上市公司内部人交易披露延迟及其经济后果研究——来自上海股票市场的经验证据》，《财经研究》2011 年第 2 期。

[43] 翟华云：《企业社会责任披露质量对投资者交易行为的影响研究——基于对我国上市公司的经验分析》，《经济经纬》2012 年第 1 期。

[44] 方军雄：《信息公开、治理环境与媒体异化——基于 IPO 有偿沉默的初步发现》，《管理世界》2014 年第 11 期。

[45] 冯根福、温军：《中国上市公司治理与企业技术创新关系的实证分析》，《中国工业经济》2008 年第 7 期。

[46] 冯根福等：《究竟哪些因素决定了中国企业的技术创新——基于九大中文经济学权威期刊和 A 股上市公司数据的再实证》，《中国工业经济》2021 年第 1 期。

[47] 冯丽艳等：《社会绩效、信息披露与融资约束——来自中国上

市公司的经验证据》,《北京交通大学学报(社会科学版)》2016 年第
1 期。

[48] 高良谋、李宇:《企业规模与技术创新倒 U 关系的形成机制
与动态拓展》,《管理世界》2009 年第 8 期。

[49] 何飞、张兵:《互联网金融的发展:大数据驱动与模式衍变》,
《财经科学》2016 年第 6 期。

[50] 何贤杰等:《企业社会责任信息披露与公司融资约束》,《财经
研究》2012 年第 8 期。

[51] 何枭吟:《数字经济与信息经济、网络经济和知识经济的内涵
比较》,《时代金融》2011 年第 29 期。

[52] 黄宏斌等:《自媒体信息披露与融资约束》,《当代财经》2020
年第 7 期。

[53] 黄艺翔、姚铮:《企业社会责任报告、印象管理与企业业绩》,
《经济管理》2016 年第 1 期。

[54] 江轩宇:《政府放权与国有企业创新——基于地方国企金字
塔结构视角的研究》,《管理世界》2016 年第 9 期。

[55] 姜付秀等:《信息发布者的财务经历与企业融资约束》,《经济
研究》2016 年第 6 期。

[56] 鞠晓生等:《融资约束、营运资本管理与企业创新可持续性》,
《经济研究》2013 年第 1 期。

[57] 孔东民等:《公司行为中的媒体角色:激浊扬清还是推波助
澜?》,《管理世界》2013 年第 7 期。

[58] 李春涛,宋敏:《中国制造业企业的创新活动:所有制和 CEO
激励的作用》,《经济研究》2010 年第 5 期。

[59] 李培功、沈艺峰:《经理薪酬、轰动报道与媒体的公司治理作
用》,《管理科学学报》2013 年第 10 期。

[60] 李培功、沈艺峰:《媒体的公司治理作用:中国的经验证据》,《经济研究》2010 年第 4 期。

[61] 李韵:《论新媒体的现代特征及其对当代经济活动的影响——基于信息经济学的视角》,《上海财经大学学报》2013 年第 6 期。

[62] 郦金梁等:《舆论影响力、有限关注与过度反应》,《经济研究》2018 年第 3 期。

[63] 林晚发等:《媒体监督与债务融资成本——基于中国发债上市公司的经验证据》,《中国会计评论》2014 年第 3 期。

[64] 卢文彬等:《媒体曝光度、信息披露环境与权益资本成本》,《会计研究》2014 年第 12 期。

[65] 鲁桐、党印:《公司治理与技术创新:分行业比较》,《经济研究》2014 年第 6 期。

[66] 马艳等:《"互联网空间"的政治经济学解释》,《学术月刊》2016 年第 11 期。

[67] 裴长洪等:《数字经济的政治经济学分析》,《财贸经济》2018 年第 9 期。

[68] 温军、冯根福:《异质机构、企业性质与自主创新》,《经济研究》2012 年第 3 期。

[69] 阳丹、夏晓兰:《媒体报道促进了公司创新吗》,《经济学家》2015 年第 10 期。

[70] 阳镇、陈劲:《数智化时代下企业社会责任的创新与治理》,《上海财经大学学报》2020 年第 6 期。

[71] 杨道广等:《媒体压力与企业创新》,《经济研究》2017 年第 8 期。

[72] 董瑞:《后疫情时代住宅房地产营销策略优化整合》,《技术与创新管理》2021 年第 6 期。

[73] 窦方、张文娟:《"互联网＋房地产营销"模式的研究与探讨》,《现代商业》2015 年第 18 期。

[74] 况伟大:《预期、投机与中国城市房价波动》,《经济研究》2010 年第 9 期。

[75] 况伟大等:《媒体情绪与房价波动》,《经济理论与经济管理》2020 年第 12 期。

[76] 蒙莉娜等:《污染信息公开与公众的回应——来自房地产市场的证据》,《经济学(季刊)》2024 年第 1 期。

[77] 田敏、钟春平:《媒体舆论与中国居民房价预期异质性研究》,《现代经济探讨》2020 年第 5 期。

[78] 杨继瑞:《论网络经济对房地产经济的推动》,《经济体制改革》2003 年第 1 期。

[79] 张成思、芦哲:《媒体舆论、公众预期与通货膨胀》,《金融研究》2014 年第 1 期。

[80] 赵林海、刘兴宗,《媒体报道、贝叶斯学习与通货膨胀预期异质性》,《财贸经济》2016 年第 12 期。

[81] 周维:《信息不对称、羊群行为与房地产市场的居民破产》,《中国市场》2020 年第 21 期。

[82] 杨鸿柳、杨守明:《构建人类卫生健康共同体的现实境遇与路径选择》,《福建师范大学学报(哲学社会科学版)》2020 年第 4 期。

[83] 杨小勇、吴宇轩:《后疫情时期世界经济格局的变化与中国机遇——基于马克思经济危机理论视角》,《上海财经大学学报》2021 年第 1 期。

[84] 于宏英、单小曦:《从符号生产到道德规约——探拟态环境建构的主体要素》,《新闻知识》2007 年第 10 期。

[85] 文侃骁等:《人类卫生健康共同体的热点前沿与研究展

望——基于 CiteSpace 的知识图谱分析》,《中国卫生法制》2023 年第 3 期。

[86] 蔡翠红:《网络空间命运共同体:内在逻辑与践行路径》,《人民论坛·学术前沿》2017 年第 24 期。

[87] 陈健、龚晓莺:《"一带一路"沿线网络空间命运共同体研究》,《国际观察》2017 年第 5 期。

[88] 黄浩然、陈鹏:《构建数字命运共同体的内涵、意义及路径》,《理论建设》2021 年第 4 期。

[89] 胡运海:《打造数字命运共同体:价值、挑战及路径》,《西北民族大学学报(哲学社会科学版)》2023 年第 5 期。

[90] 惠志斌:《全球治理变革背景下网络空间命运共同体构建》,《探索与争鸣》2017 年第 8 期。

[91] 李鸿旭:《数字命运共同体的概念意涵探讨》,《光明日报》2023 年 7 月 4 日。

[92] 刘皓琰等:《数字帝国主义的形成历程、基本特征与趋势展望》,《政治经济学评论》2023 年第 1 期。

[93] 罗理章:《构建数字命运共同体的伦理蕴含》,《人民论坛》2022 年第 4 期。

[94] 罗理章:《打造数字命运共同体的意义与路径》,《光明日报》2023 年 12 月 27 日。

[95] 阙天舒、李虹:《网络空间命运共同体:构建全球网络治理新秩序的中国方案》,《当代世界与社会主义》2019 年第 3 期。

[96] 杨宇、罗理章:《构建数字命运共同体的世界意义》,https://m.gmw.cn/baijia/2022-04/08/35643868.html, 2022 年 4 月 8 日。

[97] Almeida, H., et al, The Cash Flow Sensitivity of Cash, *The Journal of Finance*, 2004, Vol.59, No.4.

[98] Baker, M., J. Stein, Market Liquidity as a Sentiment Indicator, Journal of Financial Markets, 2004, Vol.7, No.3.

[99] Barry, C. B., S. J. Brown, Differential Information and Security Market Equilibrium, *Journal of Financial and Quantitative Analysis*, 1985, Vol.20, No.4.

[100] Bocquet, R., et al., CSR, Innovation, and Firm Performance in Sluggish Growth Contexts: A Firm-Level Empirical Analysis, *Journal of Business Ethics*, 2017, Vol.146, No.1.

[101] Borochin, P., W. Cu, Alternative Corporate Governance: Domestic Media Coverage of Mergers and Acquisitions in China, *Journal of Banking & Finance*, 2017, Vol.87.

[102] Carrington, Tim, Mark Nelson, "Media in Transition: The Hegemony of Economics", edited by Roumeen Islam, *The Right to Tell: The Role of Mass Media in Economic Growth*. Washington D.C.: World Bank Publications, 2002, pp.225—245.

[103] Carroll, A. B., A Three-Dimensional Conceptual Model of Corporate Social Performance, *The Academy of Management Review*, 1979, Vol.4, No.4.

[104] Cassiman, B., R. Veugelers, In Search of Complementarity in Innovation Strategy: Internal R & D and External Knowledge Acquisition, *Management Science*, 2006, Vol.52, No.1.

[105] Chen. K, et al., Legal Protection of Investors, Corporate Governance, and the Cost of Equity Capital, *Journal of Corporate Finance*, 2009, Vol.15, No.3.

[106] Clark, J. M., The Changing Basis of Economic Responsibility, *Journal of Political Economy*, 1916, Vol.24, No.3.

[107] Dupor, B., T. Kitamura, and T. Tsuruga, Integrating Sticky Prices and Sticky Information, *The Review of Economics and Statistics*, 2010, Vol.92, No.3.

[108] Dyck, A., et al., The Corporate Governance Role of the Media: Evidence from Russia, *Journal of Finance*, 2008, Vol.63, No.3.

[109] Elkington, J., Towards the Sustainable Corporation: Win-Win-Win Business Strategies for Sustainable Development, *California Management Review*, 1994, Vol.36, No.2.

[110] Foray, D., "Information Distribution and The Growth of Economically Valuable Knowledge: A Rational for Technological Infrastructure Polities", edited by Morris Teubal, et al., *Technological Infrastructure Policy: An International Perspective*. Dordrecht: Kluwer Academic Publishers, 1996, pp.87—116.

[111] Goss, A., G. S. Roberts. The Impact of Corporate Social Responsibility on the Cost of Bank Loans, *Journal of Banking & Finance*, 2011, Vol.35, No.7.

[112] Graham, J., et al., The Economic Implications of Corporate Financial Reporting, *Journal of Accounting and Economics*, 2005, Vol.40. No.1—3.

[113] Hall, R., Stochastic Implications of the Life Cycle Permanent Income Hypothesis: Theory and Evidence, *Journal of Political Economy*, 1978, Vol.86, No.6.

[114] Hippel, E. V., "Sticky Information" and the Locus of Problem Solving: Implications for Innovation, *Management Science*, 1994, Vol.40, No.4.

[115] Kaplan, S. N., L. Zingales, Do Investment-Cash Flow Sensitivities Provide Useful Measures of Financing Constraints, *The Quarterly Journal of Economics*, 1997, Vol.112, No.1.

[116] Lagerwall, B., Income Risk and Stockholdings: Evidence from Swedish Micro-data. *EFI Working Paper*, 2004.

[117] Lasswell, H., The Structure and Function of Communication in Society, edited by Lyman Bryson, *The Communication of Ideas*. New York: Haper & Row, 1948, pp.37—51.

[118] Mankiw, N. G., R. Reis, Sticky Information: A Model of Monetary Non-Neutrality and Structural Slumps. *NBER Working Paper*, 2001, No.8614.

[119] Odean, T., Volume, Volatility, Price, and Profit When All Traders Are Above Average, *The Journal. of Finance*, 1998, Vol.53, No.6.

[120] Pope, J. C., Buyer Information and the Hedonic: The Impact of a Seller Disclosure on the Implicit Price for Airport Noise, *Journal of Urban Economics*, 2008, Vol.63, No.2.

[121] Reis, R., Inattentive Consumers, *Journal of Monetary Economics*, 2006b, Vol.53, No.8.

[122] Reis, R., Inattentive Producers, *The Review of Economic Studies*, 2006a, Vol.73, No.3.

[123] Robert E., J. Lucas, Asset Prices in an Exchange Economy, *Econometrica*, 1978, Vol.46, No.6.

[124] Soo, C. K., Quantifying Animal Spirits: News Media and Sentiment in the Housing Market. *Ross School of Business Paper*, 2013.

[125] Stiglitz, J., The Economics of Information, *The Journal*

of Political Economy, 1961, Vol.69, No.3.

[126] Sun, D., et al., Combining Online News Articles and Web Search to Predict the Fluctuation of Real Estate Market in Big Data Context, *Pacific Asia Journal of the Association for Information Systems*, 2014, Vol.6, No.4.

[127] Wagner, M., Corporate Social Performance and Innovation with High Social Benefits: A Quantitative Analysis, *Journal of Business Ethics*, 2010, Vol.94, No.4.

[128] Walker, C. B., Housing Booms and Media Coverage, *Applied Economics*, 2014, Vol.46, No.32.

Postscript | 后　记

　　本书是近年来,我关于经济学与传播学交叉研究的部分心得和体会的集合,虽然篇幅有限,但也能自成系统,反映着我对交叉学科研究探索的心路历程。我原专业是传播学科,自 2010 年 9 月,到复旦大学经济学院攻读经济学博士学位开始,就尝试一方面将传媒纳入经济学视野内研究其对社会经济的影响、作用,另一方面用经济学理论解释传媒现象,十几年来沉潜其中,做了不少大胆的探索,也获得了一些跨学科的研究成果。但面对这一新的学术领域,我深知自己的研究仍有许多不足,同时跨学科研究本身容易陷入浮光掠影的陷阱,这种探索,严肃地挑战着研究者在所涉及学科领域的理论修养,然而,有了前面这样一个基础,今后的继续努力完善和磨砺,求真笃行,就有了较为扎实的依托,它给我以信心。

　　2022 年底,承学院任健教授的垂顾和提携,让我的研究内容能够纳入"上海理工大学新闻传播学学位点培优培育论丛"计划,我诚惶诚恐,开始整理近几年的最新研究心得,历一年之久方告完稿。因此,本书首先要感谢任健教授,没有他的支持和督促,我确然不能将这些成果如期呈现出来,谨于此,由衷地感谢先生对后辈的宽厚和期许。

本书得以顺利面世,还要感谢陶欣璇、胡淼、李皎、宋欣洋几位博士生对本书一些资料和数据的收集和补充,他们给予了我很大帮助;还有伊思静、任永豪、李云鹏等几位博士生在书籍校对方面的辛苦付出。没有他们的辛勤劳动,本书不会这么及时、顺利完稿。

最后要感谢我的妻子璟璟,作为经济学方面的同行,她一方面提出了许多中肯的见解,另一方面又默默地帮我订正、通稿。家庭的支持是我能在学术道路上坚持求索下去的一个坚实动力和后盾。

由于研究、整理的时间尚短,本书一定有不少缺点和不足,恳望专家和各位读者能不吝赐教。

李韵

2024 年 2 月

图书在版编目(CIP)数据

数字媒体对数字经济活动影响作用研究 / 李韵著.
上海 ：学林出版社，2025. -- ISBN 978-7-5486-2068-6

Ⅰ. F49

中国国家版本馆 CIP 数据核字第 2025LY2593 号

责任编辑　许苏宜
封面设计　汪　昊

数字媒体对数字经济活动影响作用研究
李　韵 著

出　　版　学林出版社
　　　　　　（201101　上海市闵行区号景路 159 弄 C 座）
发　　行　上海人民出版社发行中心
　　　　　　（201101　上海市闵行区号景路 159 弄 C 座）
印　　刷　上海商务联西印刷有限公司
开　　本　720×1000　1/16
印　　张　10
字　　数　12.5 万
版　　次　2025 年 5 月第 1 版
印　　次　2025 年 5 月第 1 次印刷
ISBN 978-7-5486-2068-6/F・75
定　　价　58.00 元

（如发生印刷、装订质量问题，读者可向工厂调换）